W0194345

Thomas Drexel

Häuser für junge Bauherren

Thomas Drexel

Häuser für junge Bauherren

Von der Idee über die Finanzierung
und Planung zum eigenen Haus

Deutsche Verlags-Anstalt
Stuttgart München

Inhalt

Vorwort:
Junge Häuser für junge Bauherren

Dieses Buch behandelt ein wichtiges Thema, das bisher weitgehend unberücksichtigt geblieben ist; die Lektüre soll jungen Familien und Paaren den Start in das Abenteuer Hausbau ermöglichen und erleichtern. Nimmt der junge Bauherr dieses Buch zur Hand, wird er eine umfassende Darstellung aller wissenswerten Fakten finden und sich in die Lage versetzt sehen, den Hausbau von G wie Grundstückskauf bis B wie Bauausführung so abzuwickeln, dass am Ende ein rundum gelungenes Ergebnis steht.

Von der Suche nach dem geeigneten Bauplatz, der Finanzierung und der Frage nach dem richtigen Architekten über die Planung bis hin zur praktischen Bauausführung kommen alle relevanten Aspekte zur Sprache. Besonderes Augenmerk wird dabei selbstverständlich auf die spezifisch für junge Bauherren relevanten Aspekte gerichtet; zentrale Fragen sind hier etwa die besonderen Finanzierungsmöglichkeiten, die gegenüber älteren Bauherren geringere Eigenkapitalbildung und vieles andere mehr. Durchgerechnete Finanzierungsmodelle veranschaulichen die Darstellung. Ferner nimmt die Frage des kostensparenden Bauens breiten Raum ein, da sie bei jungen Bauherren meist noch deutlich größere Bedeutung hat als bei älteren. Daher gilt es, die Möglichkeiten der Kosteneinsparung während aller Phasen des Planungs- und Bauablaufs genau zu thematisieren. So werden etwa Einsparmöglichkeiten durch Vorfertigung, die Verwendung von Großbauteilen, den Einsatz günstigerer Baumaterialien bei gleicher Qualität u. v. m. behandelt. Auch das Thema Eigenleistung nimmt hier einen wichtigen Platz ein, da es doch technisch versierten jungen Bauherren deutliche Einspareffekte bescheren kann, wenn man sich denn nicht zu viel zumutet.

Der sich an den Einführungsteil anschließende Projektteil umfasst 13 außergewöhnlich gelungene Neubauten für junge Bauherren aus dem gesamten deutschsprachigen Raum – Deutschland, der Schweiz und Österreich. Eine große Bandbreite unterschiedlicher architektonischer Stile und Gestaltungsmittel gewährleistet, dass für jeden Geschmack etwas zu finden ist. Alle vorgestellten Häuser zeichnen sich sowohl durch planerische Fantasie als auch durch bautechnische Sorgfalt aus. Selbstverständlich sind die Beispielprojekte auch energetisch auf dem modernsten Stand und weisen den Weg zu neuen, angesichts der gestiegenen Rohstoffpreise immer wichtiger werdenden Lösungen für die Energieeinsparung und die Nutzung alternativer Energien. Dies ist natürlich eine gute Geldanlage, nicht zuletzt aber auch hinsichtlich des langfristigen Werterhalts der Immobilie ein entscheidender Aspekt.

Alle Projekte werden mit hervorragenden Fotos und einheitlich gezeichneten Grundrissplänen illustriert. Kurzaufstellungen mit allen wissenswerten Projektdaten ermöglichen einen schnellen Überblick.

Von der Haussuche bis zum Einzug: Ein Leitfaden für junge Bauherren

Bauen junge Bauherren anders?

Grundsätzlich macht natürlich guter Geschmack und Stilempfinden nicht vor dem Alter Halt; auch wenn man unter 40 ist, stellt dies noch keine Gewähr für einen frischen Geschmack und Offenheit für vielleicht etwas ungewöhnliche Lösungen dar. Dennoch: Vom Autor nach ihren Erfahrungen mit jungen Bauherren und danach befragt, ob diese anders bauen, entgegnen die meisten Architekten: „Nicht immer, aber meistens doch". Will heißen: Im Durchschnitt wird von jungen Bauherren moderner, mutiger, mit weniger vorgefassten Vorstellungen und mehr Offenheit für kreative Architekturkonzepte gebaut. Junge Bauherren fragen öfter nach neuer, nicht tausendmal gesehener Architektur, die die Sinne auf eine neue Probe stellt und ein spannendes Wohnerlebnis bietet.

Mehr Mut zum kreativen Konflikt

Zudem sind junge Bauherren vielleicht öfter einmal bereit, sich für das Haus ihrer Träume mit Nachdruck einzusetzen; das kann etwa dann nötig sein, wenn die moderne Architektursprache zu Schwierigkeiten bei der Baugenehmigung führt. Wer kennt den etwas skurrilen Fall nicht, dass ambitionierte Projekte auf Schwierigkeiten stoßen, weil sie nicht in Übereinstimmung mit dem Bebauungsplan stehen, obgleich alle umliegenden, gesichtslosen und ästhetisch unbedeutenden Wohngebäude anstandslos genehmigt wurden? Da braucht es durchaus in manchem Fall viel jugendlichen Elan, um zusammen mit dem Architekten und in machmal recht schwierigen Diskussionen mit den Genehmigungsbehörden doch noch zu einer guten Lösung zu kommen.

Moderne Wohnkonzepte fürs junge Haus

Während vielleicht mancher ältere Bauherr sich schon etwas zu sehr an das Wohnen in gewohnten Konventionen gewöhnt hat, um noch davon lassen zu können, herrscht hier bei Jüngeren doch eher der Wagemut vor. So werden trennende Barrieren zwischen allen Räumen eher als störend empfunden, da sie die Großzügigkeit des Raumerlebnisses beeinträchtigen und das unerwünschte Gefühl von Enge produzieren. Vorstellungen jungen Wohnens lehnen sich – durchaus auch bei jungen Familien mit Kindern –, an Vorbilder wie große Lofts an, wo kaum Trennendes den Blick verstellt. Das bedeutet nun nicht, dass man in einem einzigen riesigen Raum leben will, denn Funktionsräume, eigene Kinderzimmer und Rückzugsmöglichkeiten müssen nun einmal sein; aber zumindest der gemeinsame Aufenthaltsbereich mit Wohn-, Koch- und Essbereich soll doch möglichst offen gestaltet werden und ineinander übergehen. Zudem herrschen bei jungen Bauherren weniger Berührungsängste mit rau wirkenden Materialien wie etwa Sichtbeton und verzinktem Stahl.

Vernünftige Träume: ökologisches und energiesparendes Bauen

Des Weiteren lässt sich sagen, dass junge Bauherren besonders große Bereitschaft mitbringen, sich mit den Möglichkeiten ökologischen und energetisch intelligenten Bauens auseinander zu setzen; Häuser mit Niedrigenergiestandard oder sogar Nullenergie- oder gar Passivhäuser kommen hier durchaus oft in die engere Wahl. Das Bewusstsein, dass die fossilen Energieträger endlich sind und die Abhängigkeit von geliefertem Strom nicht der Weisheit letzter Schluss sein kann, ist bei sehr vielen jungen Bauherren vorhanden. Allerdings, dies sei nicht verschwiegen, verhindert der bei jungen Bauherren besonders große Zwang zum kostengünstigen Bauen manches Mal die Umsetzung als richtig erkannter Ziele. Das muss aber keineswegs sein, wenn nicht nur die kurzfristigen Baukosten, sondern auch die ja sofort ab Bezug anfallenden laufenden Kosten für konventionelle Energieträger wie Heizöl und Gas in die Gesamtrechnung einbezogen werden. Zudem gibt es mittlerweile attraktive öffentliche Fördermittel und sogar spezielle Finanzierungsangebote für den Bau von ökologisch ausgerichteten und energiesparenden Häusern. Marktführer und erste Adresse ist hier die Nürnberger UmweltBank (zur ausführlichen Information hinsichtlich Förderung und Finanzierung siehe Seite 15–20).

Aller Anfang ist Planung: Wie beginnen wir, wo holen wir uns Rat und Hilfe?

Dass der Bau eines Hauses zu einer Entdeckungsfahrt in gefährliche Gefilde und mit tückischen Untiefen werden kann, hat sich leider in vielen Fällen bewahrheitet. Allerdings lässt sich das Unternehmen bei vorausschauender Planung durchaus hervorragend steuern und zu dem geplanten Ziel bringen: einem Haus, das allen gefällt, in dem man sich wohl fühlt, dessen Qualität ein sorgenfreies Bewohnen ermöglicht und, der vielleicht wichtigste Aspekt, dessen Kosten dem Bauherrn nicht über den Kopf wachsen.

Die Grundsatzentscheidung: Neu bauen oder renovieren und umbauen?

Diese ganz grundsätzliche Entscheidung hängt zunächst von den persönlichen Vorlieben und Voraussetzungen ab. Wer den besonderen Charme alter Häuser liebt und gleichzeitig auch die manches Mal erforderlichen starken Nerven – etwa bei eventuellen unliebsamen Überraschungen während der Bauphase – mitbringt, sollte für sich durchaus den Erwerb eines schönen Altbaus ins Auge fassen. Notwendig sind dann allerdings eine besonders umsichtige Planung, eine eingehende Bestands- und Bauschadensanalyse und, insbesondere bei schlechtem Zustand der Immobilie, die Beiziehung eines sanierungserfahrenen Architekten.

Ein oft gegen den Erwerb eines Altbaus und dessen Renovierung ins Feld geführtes Argument, dass auch nach Durchführung einer Renovierung ständig mit Reparaturen gerechnet werden müsse, ist dagegen zumindest für sachgerecht durchgeführte Altbausanierungen nicht zutreffend. Die errreichte Bau- und Wohnqualität hängt nicht von der Frage Alt oder Neu, sondern von der Stimmigkeit der Planung, der Kompetenz des Architekten und der Handwerker sowie der Qualität der eingesetzten Bauteile und Materialien ab.

Gehören die Bauherren dagegen zu den Menschen, die ihr Haus gerne vollständig nach ihren Vorstellungen planen und auf ihre Bedürfnisse zuschneiden lassen wollen, wird der Bau eines neuen Hauses sie mit hoher Wahrscheinlichkeit glücklicher machen als der Kauf eines Altbaus.

Wer eine moderne Architektursprache bevorzugt, wird zumeist ohnehin zum Neubau tendieren, da die Umgestaltung eines bestehenden Hauses bei hohen gestalterischen Ansprüchen einen zumindest genauso großen Aufwand mit sich bringt wie ein Neubau. Gerade bei denkmalpflegerisch wertvollem Altbaubestand sollte zudem eine radikale Umgestaltung vermieden werden.

Mit oder ohne Architekt?

Alle Jahre wieder steht im Feuilleton großer Tageszeitungen und in Architektur- und Wohnzeitschriften zu lesen, dass über 90 Prozent der enstehenden Einfamilienhäuser das Licht der Welt erblicken, ohne jemals einen Architekten gesehen zu haben. Die vor allem im Lauf der letzten Jahre ständig vereinfachten Genehmigungsverfahren haben unter anderem dazu geführt, dass Baueingabepläne immer häufiger durch Handwerker (etwa Maurer oder Zimmerleute) gezeichnet werden; hier fehlt aber in vielen Fällen einfach die Kompetenz, ein Haus gestalterisch, bautechnisch und hinsichtlich des Erschließungskonzepts sinnvoll zu planen. Nun ist die Beauftragung eines Architekten – dafür gibt es sicherlich auch viele Beispiele – keine absolute Gewähr für ein gutes Bauergebnis, aber die Wahrscheinlichkeit des Gelingens liegt doch bedeutend höher. Zumal wenn die Bauherren sich bei der Auswahl des Planers viel Zeit nehmen, wird das letztlich gemeinsam erzielte Ergebnis den Suchaufwand immer rechtfertigen.

Wie aber ist nun der „richtige" Architekt ausfindig zu machen? Der beste und einfachste Weg ist es, sich in seiner Stadt oder im näheren Umkreis nach neu gebauten Häusern umzusehen, die einen besonderen Charakter haben und dem eigenen Geschmack entsprechen. Meist sind die Eigentümer gerne bereit, Name und Adresse des Architekten mitzuteilen. Bei der telefonischen Kontaktaufnahme und einem ersten Gespräch wird dann meistens schon klar, ob Bauherren und Architekt zusammenpassen, ob es zu einem vertrauensvollen Verhältnis reicht. Vertrauen ist hier durchaus wichtig, da man dem Architekten ja viel Verantwortung überträgt und entsprechendes Engagement des Planers voraussetzen muss.

In vielen Fällen ist dies eher bei jüngeren Architekten der Fall, die noch nicht „zu" etabliert sind und sich einen Namen machen möchten. Große, eingesessene Büros nehmen teils gar keine Aufträge für Einfamilienhäuser mehr an, da sich dies für sie ökonomisch kaum auszahlt. Ausnahmen gibt es aber auch hier, denn einige sehr renommierte Architekten sehen gerade die Planung von Einfamilienhäusern als kreative Herausforderung an. Ist man bei seinen Architektur-Erkundungsfahrten daher auf einen solchen großen Namen gestoßen und will man jetzt nur noch genau von ihm ein Haus gebaut bekommen, sollte man sich ruhig vorwagen.

Unabhängig vom Namen und vom Können des Architekten sollten die Bauherren darauf achten, dass das Architekturbüro nicht zu weit von der Baustelle entfernt ist. Dies ist gerade dann besonders entscheidend, wenn der Planer auch mit der Bauleitung beauftragt werden soll. Bei zu großer räumlicher Distanz ist eine sorgfältige Kontrolle des Bauablaufs leider kaum noch zu bewerkstelligen. Dies ist aber absolut notwendig, denn nach aller Erfahrung werden auf dem Bau täglich mehr unvorhergesehene Probleme geschaffen als gelöst. Ist dann kein Architekt zur Stelle, können die Nerven der Bauherren stark in Mitleidenschft gezogen werden…

Die Suche nach dem Traumgrundstück

Wenngleich bei der Auswahl des Grundstücks – insbesondere in Gebieten mit hohen Immobilienpreisen – der Preis eine wichtige Rolle spielt, sind hier noch eine Reihe anderer Aspekte zu beachten. Zunächst einmal sollten die potientiellen Grundstückskäufer sich darüber klar werden, ob die großräumige Lage des Grundstücks mit der persönlichen Lebensplanung in Einklang zu bringen ist.

Passt der Bauplatz zu unseren Wünschen?

Nicht selten kommt es vor, dass ein Grundstück wegen seines günstigen Preises erworben wird, ohne sich über Verkehrsanbindungen und andere wichtige Aspekte Gedanken zu machen. Gerade in dörflichen Gegenden bestehen oft nur sehr schlechte Verkehrsanbindungen: Kindergärten, Schulen, Musikschule etc. sind nur mit dem Auto zu erreichen. Das ist nicht nur höchst unpraktisch, sondern verursacht auch einen immensen Zeitaufwand und hohe Kosten – etwa durch die notwendig werdende Anschaffung eines zweiten Autos –, die vielleicht sogar die Einsparung beim Grundstückspreis zunichte machen können.

Wenn die Kinder größer werden, möchten sie alleine unterwegs sein, sind aber ebenfalls auf selten verkehrende öffentliche Verkehrsmittel angewiesen. Aber auch die Eltern selbst sollten bedenken, wie viel Zeit allein für weite Fahrten zur Arbeitsstätte verloren gehen; zudem entspricht der Freizeitwert und das Umfeld in abgelegeneren Gegenden oft nicht dem, den die neu zugezogenen Hausbesitzer gewohnt sind.

Augen auf beim Grundstückskauf!

Vor dem Beginn der Bauplatzsuche erkundigt man sich am besten eingehend über die lokal üblichen Durchschnittspreise für Bauland. Als Bauland werden Grundstücke bezeichnet, die sofort bebaubar sind und im Bebauungsplan als Baugebiet ausgewiesen sind. Im Gegensatz dazu handelt es sich bei Rohbauland um Parzellen, bei denen der sofortigen Bebaubarkeit etwa eine fehlende Erschließung entgegensteht. So genanntes Bauerwartungsland zu kaufen, das meist deutlich günstiger als Bauland ist, kann sich als sehr risikoreich erweisen; denn hier ist weder eine rechtliche Garantie für spätere Bebaubarkeit gegeben noch der zeitliche Rahmen hierfür klar abgesteckt.

Am besten nimmt man bereits vor der Konkretisierung des Grundstückkaufs direkten Kontakt mit der Genehmigungsbehörde auf, die auch mit näheren

Auskünften zu Einzelfragen dienen kann. Stellt der Bauherr eine Bauvoranfrage, muss die Baubehörde einen Bauvorbescheid erlassen, der auch im späteren Baugenehmigungsverfahren bindend ist.

Die Kenntnis der herrschenden Preise stärkt zum einen die Verhandlungsposition bei überteuerten Vorstellungen des Verkäufers, lässt aber auch aufhorchen, wenn Grundstücke weit unter dem normalen Marktpreis angeboten werden. Die jeweils lokal geltenden Preise können bei Maklervereinigungen wie etwa dem Ring Deutscher Makler (RDM) erfragt werden. Bei auffallend günstigen Angeboten handelt es sich nicht selten um schwer verkäufliche Objekte; dies kann wiederum seinen Grund etwa in akuter Hochwassergefährdung, nahe vorbei führenden Hauptverkehrsstraßen oder der Nähe Schadstoff emittierender Betriebe haben.

Solche offensichtlichen Nachteile schlagen sich jedoch oft noch nicht einmal in den Preisvorstellungen des Verkäufers nieder; aber auch bei preislichem Entgegenkommen sollten sich die Bauherren sehr genau fragen, welche Beeinträchtigungen der Wohnqualität sie unter Umständen in Kauf nehmen könnten und welche nicht.

Am besten erstellt man hier eine persönliche Präferenzliste mit all den Merkmalen, die das Grundstück der Wahl haben sollte und mit den Nachteilen, die es auf keinen Fall haben darf. Zu den Nachteilen gehört übrigens durchaus auch eine kaltwindexponierte Lage, da dies die Heizkosten nach oben treibt; man sieht, es gibt kaum Dinge, die man nicht beachten muss.

Keine Maklergebühren doppelt zahlen!

Hat man ein Grundstück durch Vermittlung eines Immobilienmaklers gefunden, sind beim Kauf (im deutschen Fall augenblicklich 3,48 Prozent) Maklercourtage fällig. Auf keinen Fall sollte der Käufer sich aber den Anteil des Verkäufers zusätzlich aufbürden lassen.

Mit dem Architekten auf Grundstückssuche

Wird der Architekt erst nach dem Erwerb des Grundstücks beigezogen, kann er auf dessen Auswahl keinen Einfluss mehr nehmen. Der fachliche Rat des Planers kann aber bereits bei der Entscheidung für den Bauplatz sehr nützlich sein. Er kann den Bebauungsplan lesen und weiß, ob das Haus auf dem jeweiligen Grundstück erschließungstechnisch sinnvoll und kostengünstig gebaut werden kann, inwieweit sich die Topografie des Grundstücks für die gewünschte Bebauung überhaupt eignet und ob die Größe ausreicht, um das gewünschte Raumprogramm unterzubringen, ohne den gesamten Garten opfern zu müssen. Alles in allem: Wenn man nicht gerade ein Grundstück geerbt hat, sollte es eigentlich immer zusammen mit dem Architekten besichtigt werden, bevor der Kaufvertrag unterschrieben ist. Neben der eventuell fälligen Maklercourtage darf nicht vergessen werden, dass für den Kauf zusätzlich auch Grunderwerbsteuer anfällt. Über deren Höhe erkundigt man sich am besten vor Abschluss des Kaufvertrages.

In der Ruhe liegt die Kraft

Wie bei der Suche nach dem bestgeeigneten Architekten und dem Grundstück, gilt auch in allen anderen Bereichen der Hausplanung und des Hausbaus, dass der Faktor Zeit eine wichtige Erfolgsvoraussetzung darstellt. Natürlich zählt beim Hausbau jeder Monat, da während der Bauzeit meist für die alte Wohnung Miete gezahlt werden muss, während gleichzeitig ein kostspieliger Überbrückungskredit für die Hausfinanzierung zu zahlen ist. Dennoch darf dies nicht dazu verleiten, wichtige Aspekte zu vernachlässigen, wodurch sich dann letztlich weit höhere Kostenbelastungen ergeben können als durch die kürzere Bauzeit eingespart wurde.

Vorsicht bei der Auswahl der Handwerker

Insbesondere bei der Beauftragung von Handwerkern zeigt sich, wie wichtig eine zeitlich großzügige Planung sein kann; auf keinen Fall sollte man einen Handwerksbetrieb mit einer wie auch immer gearteten Arbeit beginnen lassen, bevor kein schriftlicher Auftrag erteilt und kein Bauvertrag abgeschlossen worden ist; dieser wiederum sollte unbedingt auf einer sorgfältigen Prüfung des vorliegenden Angebots basieren. Hier geraten junge Bauherren unter (teilweise selbst gemachtem) Zeitdruck besonders gerne in Versuchung, Arbeiten nach dem Motto „die werden's schon richtig machen" zu vergeben – leider in vielen Fällen ein Trugschluss, der wenig Zeit spart, aber Betrügereien Tür und Tor öffnet. Fehlt ein sorgfältig ausgearbeiteter und geprüfter schriftlicher Vertrag, nimmt man „unvorhersehbare", nicht erwähnte oder „vergessene" Zusatzkosten in Kauf, die teils sogar den vorhandenen Finanzierungsrahmen sprengen können.

Finanzierungswege für junge Bauherren: Eigenmittel, vergünstigte Kredite und Zuschüsse

Meist haben potenzielle junge Bauherren tausend Ideen und viel Fantasie für die Gestaltung des Traumhauses, aber es mangelt an Eigenkapital. Es mag hier Ausnahmen geben, wenn beide Ehepartner gut verdienen und keine Kinder zu versorgen sind, aber im Normalfall ist man doch auf die Rechnung mit dem spitzen Bleistift angewiesen.

Keine Finanzierung ohne Planung und ehrliche Selbsteinschätzung

Vor dem ersten Besuch bei der Bank sollte der Grundstückspreis genau bekannt sein; idealerweise liegt auch schon der Entwurf des Architekten und eine Kostenschätzung, wenn möglich sogar eine genauere Kostenberechnung, vor. So lässt sich der Gesamtfinanzbedarf genau abschätzen. Mit das Schlimmste, was jungen Bauherren und jungen Familien passieren kann, sind durch „Pi mal Daumen"-Berechnungen zustande gekommene Schätzungen.

Wichtig ist es grundsätzlich, weder bei der Planung des Hauses noch bei der Finanzierung die eigenen Möglichkeiten zu überschätzen. Dazu bedarf es einer genauen Analyse der Einnahmen und Ausgaben, die alle Fixkosten sowie Sicherheitsbeträge für unvorhergesehene Ausgaben (mindestens 5000 Euro/Jahr) einschließen sollten. Auch für zumindest einen Jahresurlaub und andere gemeinsame Unternehmungen sollte genug Geld verbleiben; schon zu viele Ehen sind am Hausbau zerbrochen.

Durch genaue Berechnungen und eine ehrliche Einschätzung der eigenen Möglichkeiten können sowohl später notwendige Nachfinanzierungen, bei denen dann oft weit schlechtere Konditionen gelten als für das ursprüngliche Darlehen, als auch eine Überschuldung der Familie verhindert werden. Schließlich ist das Haus ja nur Mittel zum Zweck, nicht Ziel des Lebensglücks.

Die Wahl der richtigen Bank

Schlägt man Tageszeitungen und Bauzeitschriften auf, springt dem Leser eine bunte Sammlung sehr attraktiv erscheinender Finanzierungsangebote entgegen. Bei genauerer Prüfung stellen sich jedoch solche Offerten oft als recht zweifelhaft und im Endeffekt gar nicht so günstig heraus, sei es, dass nur der Nominalzins statt des effektiven Jahreszins angegeben wurde, sei es, dass öffentliche Fördermittel und Darlehen „vergessen" wurden.

Auch die von Bank zu Bank unterschiedlichen Zusatzkosten sollte der Bauherr genau vergleichen. Die besten Vergleichsmöglichkeiten zum Einstieg bieten aktuelle, von den jeweils herrschenden Finanzierungskonditionen ausgehende Aufstellungen in Finanz- und Wohnzeitschriften (z. B. *Capital*-Sonderheft „Immobilien", *Bauen*-Sonderheft „Bauen & Finanzieren"). Damit ist zumindest der Pool der in Frage kommenden Kreditinstitute etwas eingeschränkt. Um die Beurteilung von Finanzierungsangeboten zu erleichtern, seien im Folgenden einige wichtige Punkte festgehalten, die der seriöse Finanzierungspartner bieten sollte:

Wichtige Leistungen des Kreditinstitutes und Inhalte des Finanzierungsvorschlags

- Erstellung eines genau auf die individuellen finanziellen Voraussetzungen des einzelnen Bauherrn zugeschnittenen Finanzierungsmodells
- genaue Prüfung der vorhandenen Unterlagen in Zusammenarbeit mit dem Bauherrn
- Freiwilliger Hinweis auf alle vorhandenen Möglichkeiten zur Einbeziehung zinsverbilligter Darlehen
- Genaue Kenntnis und Einbeziehung aller öffentlichen Fördermöglichkeiten
- Finanzierungsmodell mit tragbarer monatlicher Belastung
- Eigenkapital von mindestens 20–25 Prozent
- Effektiver Jahreszins am unteren Ende der Angebote
- Keine versteckten Zusatzkosten (z. B. Bearbeitungsgebühren, Schätzkosten)
- Anfängliche Tilgung im Normalfall nicht über 1 Prozent (nur bei hohem Eigenkapitalanteil oder sehr hohem Verdienst auch einmal darüber).

Kein seriöses Kreditinstitut sollte dem Bauherrn einen Finanzierungsvorschlag machen, der dessen finanzielle Möglichkeiten übersteigt. Der Kreditgeber tut dem Bauherrn keinen Gefallen, wenn dieser seine letzte Mark für Zinsen und Tilgung in die Hausfinanzierung steckt. Unsichere Finanzierungsquellen wie etwa vielleicht gewährte Lohnerhöhungen oder Weihnachtgeld sollten keine Finanzierung „aufpeppen" müssen.

Für die Erstellung eines Neubaus können in Deutschland nicht rückzahlbare staatliche Zulagen in Anspruch genommen werden, die aktuell pro Jahr bei € 2556.– liegen; zusätzlich werden pro Kind jeweils weitere € 767.– gezahlt. Bei einer Familie mit zwei Kindern kommen so jährlich immerhin € 4090.– zusammen, auf die gesamte Laufzeit von 8 Jahren gerechnet sind dies insgesamt € 32 720.–.

Staatliche Fördermittel als Hausbau-Hilfe

In Deutschland, Österreich und der Schweiz besteht eine Reihe von Fördermöglichkeiten im Bereich des Hausbaus. Im Anhang dieses Buches werden einige Kontaktadressen mit Internet-Adressen genannt, die den interessierten Bauherrn jederzeit aktuell auf die richtige Spur bringen können. Diese Förderungen werden entweder in Form zinsverbilligter Kredite oder in Form von nicht rückzahlbaren Zuschüssen gewährt. Allgemein kann man sie meist dann in Anspruch nehmen, wenn Energiesparhäuser – vom Niedrigenergie- bis hin zum Passivhaus-Standard – geplant sind. Das 100 000-Dächer-Programm der Deutschen Bundesregierung hat bereits deutliche Impulse für den Einbau von Solaranlagen geben können. Darüber hinaus gewähren auch Länder bzw. Kantone, regionale Gebietskörperschaften und Kommunen von Fall zu Fall Förderungen für Energiesparhäuser und teils auch für ökologisches Bauen.

Ganz wichtig bei nahezu all diesen Fördertöpfen ist es, sehr schnell zu sein. Da oftmals für jedes Jahr nur ein begrenztes Gesamtvolumen zur Verfügung steht, sind die Mittel teils schon recht früh im Jahr aufgebraucht. Beachtet werden sollte auch der Umstand, dass mit Baumaßnahmen niemals vor Erhalt der Förderzusage begonnen werden darf; Ausnahmen gelten für den Fall, dass ein vorzeitiger Baubeginn ausdrücklich bewilligt wurde.

Verbilligte Kredite

Bauherren können zinsverbilligte Kredite in Anspruch nehmen; im deutschen Fall bietet etwa die KfW (Kreditanstalt für Wiederaufbau) Kredite an, deren Zinssatz meist, jedoch nicht immer einige Zehntel unter dem jeweiligen Marktniveau liegt. Ein weiterer Vorteil dieses KfW-Kredits besteht darin, dass die Raten für die Tilgung die erste Zeit nicht gezahlt werden müssen. Beantragt und abgewickelt werden KfW-Kredite direkt über das jeweilige Kreditinstitut. Wer hierfür taube Ohren hat, diskreditiert sich damit selbst und offenbart, dass ihm das Wohl des Bauherrn eigentlich gar nicht am Herzen liegt. Ein Aspekt sollte allerdings im Zusammenhang mit einem KfW-Kredit nicht unerwähnt bleiben: der Kreditnehmer, also der Bauherr, geht insofern ein gewisses Risiko ein, als zwischen der Beantragung des Kredits und der Bewilligung ein längerer Zeitraum von einigen Monaten liegen kann; steigen nun in der Zwischenzeit die Zinsen, kann zum allein entscheidenden Zeitpunkt der Bewilligung im ungüstigsten Falle der Zinssatz des KfW-Darlehens über dem des normalen Bankdarlehens liegen.

Zusätzlich zum KfW-Darlehen können deutsche Bauherren auch verbilligte Kredite der Landeskreditanstalten (in Bayern: Landesbodenkreditanstalt) beantragen. Die Kreditgewährung ist von der Wohnfläche und den einkommensverhältnissen abhängig.

Kreditvertrag unter Vorbehalt

Alle Kreditverträge sollten unter dem Vorbehalt geschlossen werden, dass sowohl alle einbezogenen, aber noch nicht bewilligten Kredite Dritter gewährt werden und dass der Kauf des vorgesehenen Grundstücks zustande kommt; sie werden somit dann automatisch nichtig, wenn sich der Kauf doch noch in letzter Minute zerschlägt. Diese Vorkehrung ist sehr wichtig, da man sonst auf einem Kreditvertrag für eine Immobilie sitzt, die man gar nicht besitzt.

Zulagen und Hausfinanzierung

Manche Kreditinstitute raten dazu, die staatlichen Förderleistungen – insbesondere Eigenheim- und Kinderzulage – in die Finanzierung mit einzubeziehen. Meist geschieht dies in der Form eines separaten Kreditvertrags, in den ausschließlich die jährlich eintreffenden Zulagen eingezahlt werden. Der Kreditvertrag sollte dann so gestaltet sein, dass dieser Teilkredit nach Ablauf des Förderzeitraums vollständig getilgt ist. Eine solche Lösung ist möglich, sollte aber nur dann in Erwägung gezogen werden, wenn genügend andere Rücklagen für Urlaub, unvorhergesehene Ausgaben etc. zur Verfügung stehen. Ist dies nicht der Fall, klammert man die staatlichen Zulagen lieber aus der Finanzierung aus und lässt sie sich auf ein Konto überweisen, wo sie bei Bedarf kurzfristig verfügbar sind.

Bank-Belohnung für nachhaltiges Bauen

Heute noch die positive Ausnahme, in einigen Jahren hoffentlich die Regel: verbesserte Kreditkonditionen für energiesparende und ökologisch gebaute Häuser. Dieses sehr sinnvolle und gleichzeitig für ökologisch engagierte Bauherren sehr attraktive Angebot bietet die Nürnberger UmweltBank. Hier kann der Bauherr im wahrsten Sinne Pluspunkte sammeln, je nachdem, wie energiesparend und ökologisch sein Haus geplant ist. Zinsabschläge gibt es unter anderem für flächensparendes Bauen, die Minimierung des Heizwärmebedarfs durch bauliche Maßnahmen, die Nutzung regenerativer Energiequellen, technische Maßnahmen zur Verminderung des Wasserverbrauchs oder für die Regenwassernutzung.

Finanzierungsmodell für junge Bauherren

Im Folgenden sei ein Finanzierungsmodell der UmweltBank Nürnberg dargestellt, das die typischen Voraussetzungen eines Kredits für junge Bauherren erfüllt:

Baukosten und Grundstückskosten:	€	250 000.–
+	Nebenkosten	€	17 500.–
./.	Eigenkapital	€	67 500.–
=	Fremdkapital	€	200 000.–

Der Kredit setzt sich in diesem Fall zusammen aus zwei Darlehen:

	Summe	monatliche Rate
1. Darlehen	€ 100 000.–	541,67
2. Darlehen	€ 100 000.–	500,00
gesamt:	€ 200 000.–	1041,67

Konditionen 1. Darlehen:
1% Tilgung, Zinsen nominal 5,5%, Zinsen effektiv 5,64%
Festschreibung:
10 Jahre, Restschuld nach 10 Jahren: € 86 708.–

Konditionen 2. Darlehen:
1% Tilgung, Zinsen nominal 5,0%, Zinsen effektiv 5,12%
Festschreibung:
5 Jahre, Restschuld nach 5 Jahren: € 94 332,80

Diese Modellrechnung basiert auf dem Durchschnittszins der UmweltBank im Jahr 2001. Sie gibt deshalb nur Anhaltspunkte und ist, etwa hinsichtlich des Zinssatzes, von den aktuell herrschenden Marktbedingungen abhängig. Für die Erstellung eines genauen, auf die individuellen Bedürfnisse abgestimmten Finanzierungsangebots ist selbstverständlich der persönliche Kontakt Voraussetzung. Dieser erfolgt bei der UmweltBank meist telefonisch oder über Fax, auch per Post oder E-Mail. Hierbei werden in der Regel öffentliche Kredite, Zinsabschläge für energiesparende Bauweise etc. mit einbezogen. Die Kontaktadresse der UmweltBank ist im Anhang des Buches aufgeführt.

Mit klarem Kopf zum Notarstermin

Ist der Kauf eines Grundstücks unter Dach und Fach, geht es um die Ausgestaltung des notariellen Vertrags. Die Wahl eines guten Notars ist dabei wichtig, da dieser von sich aus dafür Sorge trägt, dass beide Parteien über alle sich aus dem Vertrag ergebenden Rechte und Pflichten deutlich und allgemein verständlich informiert werden. Wenn noch Grundschulden auf der zu kaufenden Parzelle liegen, sollte der Notar dafür Sorge tragen, dass diese gelöscht sind; wurden Lasten bereits getilgt, müssen Löschungsbewilligungen der Gläubiger vorliegen. Der Notar ist zur Einsichtnahme in das Grundbuch verpflichtet. Wichtig ist es insbesondere, dass der Käufer durch den Eintrag einer Auflassungsvormerkung abgesichert wird, die den Erwerb der Immobilie durch Dritte ausschließt.

Am besten ist es, wenn der Notar bereits aus vorhergehenden Kontakten bekannt ist. In jedem Fall sollte gewährleistet sein, dass Käufer und Verkäufer sich gemeinsam mit dem Notar auf die Inhalte des Vertrags verständigen. Der auf Basis dieser Angaben erstellte Vertragsentwurf sollte beiden Parteien rechtzeitig vor Vertragsunterzeichnung zur Prüfung zugehen. Prüfen Sie alle Inhalte sehr genau und veranlassen Sie gegebenenfalls umgehend die Korrektur von Unrichtigkeiten!

Keine Angst vor dem Bauen: Wegweiser durch die Planung und über Genehmigungshürden

Wurde ein Architekt mit der Erstellung der Entwürfe und der Eingabepläne beauftragt, erspart man sich schon einmal die Suche nach dem richtigen Behördenweg und muss sich nicht mehr lange durch das unbekannte Dickicht des Amtsdschungels schlagen. Steht kein Planer zur Seite, hat allerdings oft der Bauherr selber die Aufgabe, für die ordnungsgemäße Genehmigung des Bauvorhabens zu sorgen. Am besten zieht man dann bereits im Vorfeld der Planung Erkundigungen ein und sucht das Gespräch mit den Genehmigungsbehörden. Die Baugenehmigungsbehörden sitzen in Deutschland, der Schweiz und Österreich meist auf kommunaler Ebene in den Städten oder aber auf regionaler Ebene. Meist sind die Genehmigungsbehörden den Bauämtern, Hochbauämtern oder Stadtplanungsämtern eingegliedert.

Planungssicherheit und Vertrauensbildung durch Kontakt mit der Genehmigungsbehörde

Aufgrund der je nach Staat, Region und Kommune sehr unterschiedlichen Bauvorschriften ist der frühzeitige direkte Kontakt mit der Genehmigungsbehörde die Voraussetzung für einen möglichst reibungslosen Bauablauf. Bei dieser Gelegenheit sollte man als Bauherr dann auch in Erfahrung bringen, welche besonderen Verfügungen für das eigene Baugrundstück gelten. So gibt es neben den allgemeinen Baugesetzen und Bauvorschriften meistens einen rechtsgültigen Bebauungsplan, der Bestimmungen unter anderem über die Dichte und die Art der Bebauung (z. B. Einfamilienhaus oder Reihenhäuser), die Kniestockhöhe und die Zahl der Geschosse, Dachform und Dachdeckung, die einzuhaltenden Abstandsflächen und andere Punkte mehr enthalten kann. Besonders häufig führt etwa ein vom Architekten vorgesehenes Flachdach oder ganz allgemein eine sehr ambitionierte, das gewohnte Sehmuster in Frage stellende Architektursprache zu Schwierigkeiten mit den Genehmigungsbehörden. Im Fall der Schweiz besitzen die Gemeinden übrigens sogar Gesetzgebungsbefugnis in Baufragen, sodass hier je nach Wohnort ganz unterschiedliche Bestimmungen und Genehmigungschancen bestehen. Planen Schweizer Bauherren daher ein ungewöhnliches Haus, bei dem Schwierigkeiten mit der Genehmigung abzusehen sind, sollte man unter Umständen sogar die Auswahl des Grundstücks unter diesem Gesichtspunkt vornehmen.

Vom Entwurf zur Baueingabe

Die ersten Skizzen, die meist aus Gesprächen zwischen Bauherrschaft und Architekt entstehen, stellen die Grundlage für den noch gröberen Vorentwurf und den detaillierteren Entwurf dar. Meist liegt der Entwurf im Maßstab 1:100 vor. In vielen Fällen enstehen die Pläne heute mit Hilfe des Computers auf CAD, allerdings ist es auch keineswegs ein schlechtes Zeichen, wenn sie noch von Hand gezeichnet werden. Ein Vorteil der Computerdarstellung ist, dass etwa auch dreidimensionale, sehr anschauliche Darstellungen möglich sind, die dem Bauherrn eine besonders gute Beurteilungsmöglichkeit an die Hand geben. Der Entwurf muss Grundrisse aller Gebäudeteile und aller Stockwerke, Schnitte und Ansichten umfassen. Dies bildet nun die planerische Grundlage für die Kostenschätzung. Gleichzeitig entsteht aus dem Entwurf die Baueingabeplanung, die neben den Bauunterlagen vor allem eine genaue Werkbeschreibung umfasst. Ist die Baugenehmigung erteilt, kann mit den Arbeiten begonnen werden.

Ausschreibung und Vergabe der Arbeiten

Da, wie bereits weiter oben erwähnt, kein Handwerker ohne genaues und lückenloses Angebot beauftragt werden sollte, sollten die Bauherren hier viel Zeit und Sorgfalt investieren. Steht ein Architekt zur Verfügung, prüft er die eingehenden Angebote und kann beurteilen, ob etwas fehlt oder ob sich überteuerte Positionen eingeschlichen haben. Neben dem Kostenargument spielt aber auch eine wichtige Rolle, ob der jeweilige Handwerksbetrieb sich aus Erfahrung mit anderen Bauvorhaben als kompetent bezeichnen lässt. In manchen Fällen ist es vielleicht besser, sich für den zweitgünstigsten Betrieb zu entscheiden, der dann die Gewähr für eine fehlerfreie und zeitgenaue Ausführung der Arbeiten bietet. Der Architekt ist auch für die Koordination der Bauabläufe verantwortlich. Ein genau vorgeplanter Bauablauf spart beträchtlich Zeit, Geld und Nerven.

Kosten sparen ohne Qualitätsverlust

Das Argument des kostensparenden Bauens ist allgemein sehr wichtig, für junge Bauherren jedoch besonders entscheidend. Die folgenden Tipps zeigen wichtige Möglichkeiten, Kosten am richtigen Fleck einzusparen. Dabei sollte allerdings immer darauf geachtet werden, dass sinnvoll gespart wird – das heißt, ohne Qualitätsverlust.

Überflüssiges weglassen

Die einfachste Variante des Sparens besteht darin, auf Bauteile zu verzichten, die wenig Nutzwert besitzen, aber vergleichsweise hohe Kosten verursachen. Dies gilt etwa insbesondere für Balkone, Erker und Eingangsvorbauten. Balkone mit Blick auf eine viel befahrene Hauptstraße haben so wenig praktischen Wert, dass sie genausogut wegfallen können.

Wenn Balkone gewünscht sind, sollten sie ausreichenden Nutzwert, also ausreichend Bewegungsraum besitzen und vernünftig geschnitten sein.

Auch Vordächer müssen nicht unbedingt aufwändig konstruiert sein, sondern wirken auch in einfacher Bauweise und Konstruktion sehr gut, wenn sie gestalterisch überzeugen.

Insgesamt sind Häuser dann desto kostensparender zu bauen, je einfacher die Formgebung ausfällt. Einfache Formen sind ferner auch im Hinblick auf den Energieverbrauch deutlich sinnvoller als verwinkelte Häuser mit zahlreichen Erkern und Anbauten.

Günstige Baumaterialien und Vorfertigung als Sparhelfer

Die Empfehlung, sich nach preisgünstigen Baumaterialien umzusehen, soll nun gerade nicht zur Verwendung der billigsten Produkte verleiten. Gemeint ist hier vielmehr, dass nicht immer das Teuerste das Beste sein muss. So kann man sich durchaus in Baufachgeschäften nach guten Sonderangeboten umsehen, so etwa Sonderposten von Badausstattung. Die meisten Handwerksbetriebe sind gern bereit, einige nicht über sie bezogene Teile einzubauen, solange sie nicht völlig übergangen werden. So finden sich etwa bei IKEA immer wieder sehr attraktive Komplettangebote von Waschtischen, Armaturen und Unterschränken.

Auch bei der Auswahl der Baustoffe für den Rohbau, also die Wände, Dachdeckung, Dachdämmung etc. sind große Kostenunterschiede vorhanden. Will man sein Haus mit ökologischen Baustoffen dämmen, hat man die Wahl zwischen auch preislich sehr unterschiedlichen Angeboten. Wie im konventionellen Bauwarenhandel werden Dämmplatten, Klemmfilze, Fasermatten und Schüttstoffe angeboten, die sich durchaus auch für den Heimwerker bestens eignen. Lediglich Zelluloseflocken müssen vom Fachbetrieb eingeblasen werden. Ökologisch empfehlenswerte Gipsfaserplatten (etwa von Fermacell) liegen preislich kaum über dem konventioneller Gipsplatten. Vor allem aber erhält man bei der Verwendung ökologischer Materialien den Gegenwert eines bauphysikalisch, baubiologisch und ökologisch intakten Hauses mit höchst angenehmem Raumklima. Ökologische Dämmmaterialien schützen nicht nur gegen Kälte, sondern halten auch sommerliche Hitze den ganzen Tag über ab, während konventionelle Dämmstoffe hier zumeist bald versagen.

Einspareffekte ergeben sich auch aus der Verwendung vorgefertigter Bauteile, etwa von Treppen, aber auch Wintergartenkonstruktionen und Holzständerwänden. Diese Teile werden in der Werkstatt vormontiert und dann in vergleichsweise kurzer Zeit auf der Baustelle eingebaut.

Mehr Flexibilität durch Modulbauweise

Eine Tendenz der letzten Jahre ist die Möglichkeit, mit kleinen Einheiten anzufangen und das Haus dann mit dem wachsenden Bedarf – etwa durch Familienzuwachs – und mit den sich verbessernden materiellen Möglichkeiten wachsen zu lassen. Wettbewerbe für so genannte Starterhäuser haben besonders gelungene Vorschläge prämiert. Zumeist besteht das Grundmodul bei solchen Planungen aus einer Einheit von etwa 60–80 Quadratmeter Wohnfläche, die dann jeweils so lange um Einheiten von 20–40 Quadratmeter erweitert werden kann, bis der endgültige Ausbaustand erreicht ist. Der besondere Reiz solcher Lösungen für sehr junge Bauherren mit besonders wenig Eigenkapital liegt auf der Hand; man muss sich nicht gleich am Anfang hoch verschulden, sondern kann die weitere Entwicklung der eigenen Finanzen und der persönlichen Lebensplanung abwarten.

Nicht geeignet wäre ein solches Modulhaus allerdings für Bauherren, die nach dem Hausbau ein für alle Mal ihre Ruhe haben möchten. Auch Familien, die bereits mehrere Kinder oder aus anderen Gründen größeren Platzbedarf haben, ziehen aus diesem Konzept kaum Vorteile.

Größeres Budget durch mehr Eigenleistung

Für ausgebildete Bauhandwerker bietet das Feld der Eigenleistung natürlich sehr große Einspareffekte; Maurer, Zimmerleute, Schreiner und viele andere sind durch ihre Fachkenntnis in der Lage, sich viel Geld zu sparen. Heimwerker, die nicht vom Fach sind, aber handwerkliches Geschick mitbringen, können ebenfalls höhere Beträge als Eigenleistung ansetzen. Bauherren mit weniger Geschick und Lust am Selberbauen sollten ihre Möglichkeiten aber nicht überschätzen. Für sie sind in der Regel unkomplizierte Aufgaben wie das Anbringen und Verspachteln von Gipsfaserplatten, einfache Bodenverlegearbeiten und das Aufbringen von Anstrichen geeignet. In allen Fällen gilt, dass die zur Verfügung stehende Zeit realistisch angesetzt werden sollte. So sollten bei der Finanzierung nicht mehr als ein Zehntel der reinen Baukosten als Eigenleistung angerechnet werden.

Im Einklang mit der Umwelt: Ökologisches Bauen und Wohlbefinden

Die Zeit, als das Thema Ökologisches Bauen unbekanntes Terrain war, sind lange vorbei. Die Vorteile von bewusst nach ökologischen, baubiologischen und bauphysikalischen Aspekten durchgeplanten Häusern sind heute insbesondere vielen jungen Bauherren vertraut. Die Verwendung natürlicher, aus nachwachsenden Rohstoffen hergestellter Materialien und gesunder Baustoffe verbessert die Qualität am Bau, trägt zur Verhinderung von Bauschäden bei und wirkt sich positiv auf das Wohnklima aus. Nicht zuletzt ist ein ökologisch geplantes und gebautes Haus aber gleichzeitig auch äußerst wertbeständig und besitzt einen hervorragenden Wiederverkaufswert. Dies mag für die meisten Bauherren, die sich ja auf längeres oder lebenslanges Bleiben in den eigenen vier Wänden einrichten, nicht der wichtigste Aspekt sein, sollte aber nicht völlig außer Acht gelassen werden. Bekanntlich kann sich die Lebenssituation ändern und sehr wohl die Situation auftreten, dass die Immobilie verkauft werden muss. Der Mehrpreis, der am Markt heute für die meisten ökologischen Baustoffe gegenüber konventionellen Produkten (noch) gezahlt werden muss, rechnet sich in vielerlei Hinsicht. Wenn gespart wird, geschieht dies sinnvoller bei Dingen, die nicht zur Verbesserung der Bau- und Wohnqualität beitragen.

Geld fürs ökologische Bauen

Aber auch in finanzieller Hinsicht kann es sich lohnen, ökologische Kriterien beim Hausbau zu berücksichtigen. Dazu zählen etwa energiesparende Bauweise und gute Dämmung, der Einbau von Solaranlagen, Wärmepumpen und umweltfreundlichen Heizsystemen, Techniken zur Sammlung und Nutzung des Niederschlagswassers und vieles mehr. Dafür gibt es in aller Regel nicht nur zusätzliche Fördermittel beziehungsweise verbilligte Darlehen von Staat, Regionen und Kommunen, sondern – wie oben beschrieben – zusätzlich auch schon verbilligte Bankkredite (siehe hierzu Seite 18–19).

Was wo von welchen öffentlichen Stellen gefördert wird, sollten die Bauherren vor Beginn der Planung erfragen; dazu ist es aufgrund der zahlreichen Förderstellen und der sich verändernden Förderkriterien unerlässlich, sich im Einzelfall vor Ort zu erkundigen. Der Architekt kann, wenn schon gefunden, sicherlich gute Hinweise für örtliche Anlaufstellen geben. Alternativ sollte man sich an örtlich tätige Energieberater wenden, die in der Regel auch hinsichtlich der aktuellen Förderungsmöglichkeiten auf dem Laufenden sind. Ansprechpartner für staatliche Fördermittel sind einschließlich der Internet-Adressen im Anhang aufgeführt.

Energie und Betriebskosten sparen durch die richtige Bauweise und fachgerechte Dämmung

Es muss keineswegs immer ein Passivhaus sein, aber Niedrigenergiestandard gehört heute schon fast zur „Serienausstattung". Dieser lässt sich relativ einfach erreichen, ohne dass große Mehrkosten damit verbunden wären. Die naheliegendste und einfachste Möglichkeit ist die fachgerechte, also absolut luftdichte Bauausführung, ausreichende Wandstärken und gute Dämmung.

Luftdichtigkeit beziehungsweise Winddichtigkeit bei der Bauausführung ist die wichtigste Komponente, um die Wärmeverluste ohne finanziellen Mehraufwand entscheidend zu minimieren. Ausschlaggebend für beträchtliche Energieeinspareffekte ist in diesem Fall lediglich die Fachkenntnis und Sorgfalt der Handwerksbetriebe sowie die gewissenhafte Kontrolle durch den Architekten. Wichtige Bauteile sind in diesem Zusammenhang die Fenster mit den Dichtungen, die Wandanschlüsse – etwa von auf Außenwänden aufliegenden Balken – und der gedämmte Dachbereich. Bei der Dachdämmung müssen die (diffusionsoffenen) Unterspannbahnen oder Dämmplatten, Dämmungsmaterial und innen liegende Dampfbremse sehr sorgfältig und damit absolut fugendicht ausgeführt werden. Hersteller wie etwa Isofloc und ihre Fachbetriebe bieten Prüfmaßnahmen an, die nach Bauausführung die Winddichtigkeit der Konstruktion nachweisen. Auch bei anderen Handwerkern sollte die Bauherrschaft auf solche Erfolgskontrollen nicht verzichten!

Sparen Sie nicht bei der Wandstärke!

Auch bei luftdichter Bauausführung sind die Energiesparanstrengungen schnell Makulatur, wenn sie nicht durch entsprechende Ausführung der Außenwände begleitet werden. Beispiele für ungenügende Wandstärken liefern vor allem die für weniger wohlhabende Personen erbauten Altbauten – typisches Beispiel sind die Siedlerhäuschen der 1930er und 1950er Jahre. So wie bei vielen dieser Häuser besitzen zu dünne Außenmauern ungenügende Dämmeigenschaften. Bei in Massivbauweise (meist aus Ziegeln) erstellten Gebäuden sollte die Stärke des Mauerwerks bei mindestens 37 cm liegen. Eine Alternative zum „Mauerwerk aus einem Guss" ist zweischaliges Mauerwerk – etwa aus Kalksandstein und einer dazwischen liegenden Dämmstoffschicht. Genauso ist es aber möglich, massives Mauerwerk mit einer außen liegenden Dämmschicht zu versehen.

Gerade Häuser mit moderner Architektursprache werden auch gerne ganz oder teilweise in Stahlbetonbauweise ausgeführt; sein rauer, puristisch anmutender Charakter ist hier sicherlich ein gestalterischer Pluspunkt, jedoch müssen für eine ausreichende Dämmung auch hier größere Wandstärken gewählt werden. Die Auswirkungen von Stahlbeton auf die Wohngesundheit sind allerdings umstritten. Auch wegen des Energieaufwands und der Umweltbelastung bei der Stahlproduktion sowie des nach wie vor vorhandenen, wenn auch verringerten Chromatanteils im Zement kann Stahlbeton nicht als „Öko-Baustoff" gelten.

Voll im Trend: Häuser aus Holz

Immer mehr Bauherren entscheiden sich für Holzhäuser, deren vielleicht wichtigster Vorteil in der guten Dämmwirkung des Rohstoffes Holz liegt. Holz „atmet", nimmt Feuchtigkeit auf und gibt sie wieder ab, was zu einer sehr angenehmen Raumtemperatur und Luftfeuchtigkeit beiträgt; ferner geht von Holz im Gegensatz zu massivem Ziegelmauerwerk keine Strahlungskälte aus, der Aufenthalt im Haus wird angenehmer.

Die Bauweise von Holzhäusern ist sehr unterschiedlich; die Bandbreite bei den Außenwänden reicht vom Blockhaus aus waagerecht übereinander angeordneten Blockbohlen nach skandinavischem oder nordamerikanischem Vorbild bis zur gängigeren, aus mehreren Schichten gebildeten Wand. Letztere Variante kann nun wiederum in vielen Ausführungen und Materialkombinationen hergestellt werden; von innen nach außen weisen die Mauern solcher Holzhäuser zunächst eine auf Lattung montierte Schalung auf, die in der Regel aus Gipskartonplatten oder Nut-und-Feder-Brettern besteht.

Eine Dampfbremse (meist als diffusionsoffene Folie) verhindert, dass die Raumfeuchtigkeit ungehindert in die Dämmstoffebene gelangen und diese durchfeuchten kann. Die – am besten aus nachwachsenden Rohstoffen bestehende – Dämmstoffschicht wird nach außen durch diffusionsoffene Winddichtungsbahnen oder Dämmplatten gegen eindringende Feuchtigkeit abgeschlossen.

Die „äußere Haut" besteht zumeist aus einer Bretterschalung, kann aber auch aus witterungsbeständigen OSB-Platten hergestellt werden. Unter dieser Schalungsebene wird zum Teil eine zweite, meist hinterlüftet ausgeführte Dämmschicht eingebracht.

Die Fenster: Gut isoliert hält die Wärme besser

Die professionelle Planung und Ausführung der Außenwände muss mit dem Einbau guter Fenster gekoppelt sein, um optimale Wirksamkeit zu gewährleisten. Zweischeiben-Isolierglas ist dabei Mindeststandard, besser sind Wärmeschutzgläser mit einer weiter verbesserten Dämmwirkung; diese Gläser werden auf der Innenseite nicht richtig kalt, geben somit keine Strahlungskälte ab und lassen nur noch minimal mehr Wärme nach draußen als gut ausgeführte Außenwände. Solche Fenster lassen sich ebenso in Holz wie in anderen Baustoffen herstellen. Insbesondere Kunststofffenster vertragen sich allerdings nur schlecht mit der Zielsetzung, ein ökologisches Haus zu bauen. Einspareffekte ergeben sich hieraus zudem praktisch keine, die Entsorgung verursacht größte Probleme. Ein guter Bauschreiner kann in Zusammenarbeit mit einem Glaser Holzfenster mit hervorragendem k-Wert herstellen, die dann auch noch gestalterisch zum Energiespar- oder Ökohaus passen.

Die besten Dämmstoffe aus nachwachsenden Rohstoffen

Dämmstoffe aus nachwachsenden Rohstoffen sind die idealen Produkte für das ökologisch bewusste Energiesparhaus. Insbesondere, wenn diese Produkte aus heimischer und/oder ökologischer Produktion stammen, weisen sie eine hervorragende Öko-Bilanz auf. Sie sind vor allem hinsichtlich der Dämmwirkung gegen Hitze konventionellen Produkten weit überlegen, die Dachräume bleiben angenehm temperiert.

Die folgende Tabelle gibt einen Überblick über empfehlenswerte natürliche Dämmstoffe und ihre Eigenschaften:

Dämmstoff/Hersteller	hauptsächliche Einsatzgebiete	Hinweise
Zelluloseflocken aus Papier oder Holz, z.B. Isofloc, EMFA	Einblasdämmstoff für Dächer Decken und Wände	Ist durch Fachbetriebe auszuführen
Dämmplatten aus Holzfasern, z.B. EMFA, Pavatex	Platten in unterschiedlicher Stärke, teils mit Nut und Feder – für Dächer und Außenwände	Auch für versierte Heimwerker geeignet
Dämmmatten aus Kokosfaser, Wolle, Flachs oder Hanf, z.B. EMFA, Doscha, Homatherm	Für Dachdämmung, Ständerwände, Fugen und Zwischenräume	Gut für Heimwerker geeignet
Schüttstoffe aus Kork o.ä., z.B. EMFA	Insbesondere für Fehlböden	Leicht einzubringen

Innovative Energiekonzepte

Starke Wände und gute Dämmung sind wichtige Energiesparmaßnahmen und damit entscheidende Voraussetzungen für ein energiesparendes Haus. Wollen die Bauherren weiter gehen, als nur möglichst viel Wärme im Haus zu halten, bieten sich zahlreiche Möglichkeiten für die Nutzung alternativer Energien an. Neben der passiven und aktiven Solarenergienutzung zählen hierzu etwa auch Erdwärmenutzung und die Nutzung der Abwärme, die etwa von Kachelöfen erzeugt wird, mittels angeschlossener Rohrleitungssysteme.

Wintergärten und mehr:
Die passive Nutzung der Sonnenenergie

Der Wintergarten gehört zu den Wohnträumen mancher Bauherren, da er Natur und grünes Umfeld unmittelbar erleben lässt. Dass ein Wintergarten auch hervorragend zur passiven Nutzung der Sonnenenergie eingesetzt werden kann, ist vielen Bauherren oft gar nicht richtig bewusst. Das gilt allerdings nicht für jeden Wintergarten von der Stange, denn viele dieser Fertigexemplare verändern die Energiebilanz eher negativ. Am besten ist es, den Wintergarten zusammen mit dem Haus vom Architekten „maßschneidern" zu lassen. Die Ausrichtung nach Süden ist optimal, die Tiefe des Wintergartens sollte möglichst nicht zu groß sein. Um den Wintergarten hinsichtlich der Energieeinsparung effektiv zu machen, sollte darauf geachtet werden, dass der Wintergarten an kalten Tagen durch Fenstertüren vom übrigen Wohnraum abgeschottet weden kann. An Tagen mit Sonnenschein sollten dann Fenster oder Lüftungsklappen nach innen geöffnet werden können, um die gespeicherte Wärme ins Haus zu holen. Energetisch sinnvoll ist der Wintergarten besonders dann, wenn auf eine Heizung verzichtet wird. Beabsichtigt man allerdings die ganzjährige Nutzung als Wohnraum, sollte eine Heizung unbedingt vorgesehen werden.

Die Sonne ins Haus holen

Auch ohne einen eigenen Wintergarten, dessen Bau meist nicht gerade günstig ausfällt, lässt sich die Wärme der Sonne nutzen. Dazu müssen zunächst die Wohnräume konsequent nach Süden orientiert sein. Die Sonnenwärme wird über große Fensterfronten ins Haus geholt. Im Inneren sorgen dunkle Steinböden und massive Bauteile für die Speicherung der Wärme, die dann nach und nach wieder an die Raumluft abgegeben wird. Funktionsräume wie Toiletten und Abstellräume können auf der Nordseite angeordnet werden. Auch im Schlafzimmer kann es für die meisten Menschen ruhig etwas kühler sein. Kinderzimmer hingegen sollten möglichst zumindest ein Fenster nach Süden besitzen – das stärkt nicht nur das Wohlbefinden, sondern auch den Enzymhaushalt!

Energieerzeugung mit Sonnenkollektoren und Photovoltaik

Lange Jahre von mancher Seite etwas belächelt, setzt sich die aktive Nutzung der Solarenergie heute bei Bauherren immer mehr durch. Dazu hat nicht zuletzt die Ausweitung der Fördermaßnahmen – etwa durch das 100 000-Dächer-Programm der Deutschen Bundesregierung – beigetragen. Aber auch die Einsicht, dass die Ressourcen wie Erdöl, aber auch Erdgas endlich, kostbar und auf Dauer sogar teurer sind als die Nutzung der kostenlos nutzbaren Sonnenenergie, haben zu dieser Entwicklung beigetragen. Die Bauteile für Solaranlagen sind zudem mittlerweile so gestaltet, dass das Erscheinungsbild der Dachflächen durch sie nicht mehr beeinträchtigt werden muss. Alternativ können sie sogar in die Fassade integriert werden.

Erst der Energie-Check, dann die Montage

Steht den Bauherren kein Architekt zur Verfügung, sollten die Möglichkeiten der Solarenergienutzung für das eigene Heim in jedem Fall von einem Fachbetrieb, am besten von einem unabhängigen Energieberater geprüft werden. Dieser sollte dann auch Fragen zu Fördergeldern und Finanzierung, gegebenenfalls möglichen Entgelten durch den Energieversorger, die Kosten der in Frage kommenden Solaranlage und den Amortisationszeitraum beantworten können.

Sonnenkollektoren für Warmwasser und Heizwärme

Wer erinnert sich nicht an die Pionierzeiten des Kollektorbaus, als viele engagierte Umweltaktivisten ihren persönlichen Kollektor im Selbstbau zusammenschraubten? Daran erinnern die heutigen Modelle kaum noch, sie sind formschöner und flacher geworden. Dennoch gibt es auch hier noch große Unterschiede hinsichtlich der Qualität, der Energieeffizienz, der Kosten und anderer Faktoren mehr. Wer sich aktuell über die Marktsituation informieren möchte, findet hierzu zuverlässige Testberichte in den Ausgaben von *Öko-Haus* und *Öko-Test*.

Sonnenkollektoren werden entweder parallel zur Dachfläche anstelle der Dachdeckung montiert, können aber auch in veränderlichen Neigungswinkeln montiert sein, um die zu unterschiedlichen Jahreszeiten unterschiedlich steil einfallenden Sonnenstrahlen immer optimal ausnutzen zu können. Hierfür sind besonders Flachdächer bestens geeignet. Grundsätzlich sind Kollektoren wie auch Photovoltaikanlagen von der Intensität des Sonnenscheins abhängig. Scheint eine Zeit lang nicht die Sonne, können Kollektoren auch kein Wasser erwärmen. Daher wird zur Überbrückung solcher sonnenarmer Tage ein Speichertank benötigt, der bis zur nächsten Schönwetterperiode überbrücken kann. Das Fassungsvermögen eines solchen Tanks sollte so groß wie möglich bemessen sein.

Das durch die Sonnenkollektoren erzeugte warme Wasser kann je nach gewähltem System entweder zur Deckung des Bedarfs an warmem Brauchwasser verwendet oder alternativ direkt in den Heizwärmekreislauf eingespeist werden. Welche Lösung sinnvoll ist, hängt wiederum von der Leistungskraft des gewählten Modells ab.

Strom direkt vom Dach: Photovoltaik

Weniger verbreitet als die Montage von Sonnenkollektoren sind bisher Photovoltaikanlagen, die die Sonnenstrahlen in elektrische Energie umwandeln. Neben dachintegrierten Systemen und solchen zur Montage auf Dach werden auch Modelle angeboten, die in spezielle Dachpfannen integriert werden können. Dadurch lässt sich eine geschlossene Dachansicht herstellen.

Wohlig warm mit Wärmepumpentechnik

Neben der Nutzung der Solarenergie bietet sich für private Bauherren auch die Nutzung der Erdwärme an, die ebenfalls kostenlos zur Verfügung steht. In der Schweiz bereits weit verbreitet, fristet die Erdwärmenutzung in anderen Teilen Mitteleuropas bisher eher ein Schattendasein. Das Prinzip ist jedoch überzeugend: Die in der Luft oder in der Erde gespeicherte Wärme kann für die Raumheizung und die Warmwasserbereitung verwendet werden. Dabei sind verschiedene Systeme zu unterscheiden: Die Luft/Wasser-Wärmepumpe kann im Keller oder auch außerhalb des Hauses separat aufgestellt werden. Die Wärmequelle ist hierbei die Außenluft, die sogar bis zu Minustemperaturen unter dem Gefrierpunkt genutzt werden kann. Dem gegenüber arbeiten erdgekoppelte Wärmepumpen mit der Wärme des Erdreichs; die Wasser/Wasser-Wärmepumpe entnimmt dabei die Wärme aus dem Grund- oder Oberflächenwasser, was Brunnenbohrarbeiten erforderlich macht. Am besten kann dies in Gebieten mit hohem Grundwasserstand verwirklicht werden. Die Sole/Wasser-Wärmepumpe entnimmt die Wärme über Erdreichkollektoren oder Erdwärmesonden. Auch letztere Möglichkeit macht tiefe Bohrungen erforderlich.

Bei Niedrigenergie-Einfamilienhäusern fallen für den Bau von Wärmepumpen etwa € 10 000,– Investitionskosten an. Die Installation von Wärmepumpen wird von einigen Bundesländern und Kantonen sowie von Energieversorgungsunternehmen gefördert. Auch die vom Bund gezahlte Öko-Zulage kann für Wärmepumpen beantragt werden.

Weitere Alternativen zum Heizöl

Nicht nur für Kachel- oder Kaminöfen, sondern auch für Zentralheizungen gibt es die Möglichkeit, mit Holz zu heizen. Die Holzpellets-Heizung erfordert neben dem entsprechenden Kessel und Brenner auch einen ausreichend großen Lagerraum für die Pellets, die automatisch nachgefüllt werden können. Im Neubau lässt sich dies grundsätzlich gut integrieren. Im Augenblick liegen Holzpellets von den Kosten etwa gleichauf mit dem Heizöl, sind aber ökologisch in jedem Fall die bei weitem sinnvollere Lösung. Zudem steht der Rohstoff Holz unbegrenzt zur Verfügung.

Wenn im Rahmen eines Neubauprojekts ohnehin ein Kachelofen vorgesehen ist, sollten die Bauherren über die Koppelung mit einer Warmluft-Rohrheizung nachdenken. Die vom Kachelofen erzeugte Wärme kann so zum Beheizen anderer Räume mit verwendet werden, die Kosten des Ofens lassen sich auf diese Weise zum Teil wieder kompensieren.

Alternative Formen des Bauens und Wohnens

Gemeinsam bauen und wohnen

Wenn Bauherren auf die Kosten sehen müssen, bietet sich der Zusammenschluss mit anderen Bauherren oder auch mit Familienmitgliedern an. Dadurch lassen sich Finanzmittel einsparen, die noch dringend benötigt werden. Die erste Möglichkeit besteht hier darin, gemeinsam mit Freunden ein Grundstück zu erwerben und darauf in flächensparender Bauweise ein Mehrfamilien- bzw. Doppelhaus oder Reihenhäuser zu errichten. Zum einen lassen sich dadurch Grundstücks- und Erschließungskosten teilen, zum anderen bietet sich gegenseitige Hilfe am Bau hier besonders an; die verschiedenen Talente können zusammengeführt und Know-how ausgetauscht werden, durch Eigenleistung im Team kann Geld in beträchtlicher Höhe gespart werden. Später sind die guten nachbarschaftlichen Kontakte vielleicht nützlich, wenn es um die wechselseitige Betreuung der Kinder geht.

Das Mehr-Generationen-Haus

Wenn man sich mit den Eltern gut versteht und sich vorstellen kann, dass sich das Zusammenleben mehrerer Generationen auf Dauer harmonisch gestaltet, ist das Zusammenwohnen unter einem Dach eine erfolgversprechende Lösung. Liegt Pflegebedürftigkeit der Eltern vor, vereinfacht sich die Betreuung erheblich.

Im Neubau wird im Normalfall eine Einliegerwohnung vorzusehen sein, die den Familienteilen ausreichend Privatheit garantiert und doch die Möglichkeit des Familienanschlusses bietet. Soll ein vorhandenes Wohnhaus, in dem die Eltern leben, um zusätzlichen Wohnraum erweitert werden, ist eine Dachaufstockung oft die vernünftigste Lösung. Das in diesem Buch auf Seite 52–55 vorgestellte Projekt ist hierfür hinsichtlich der Gestaltung und Raumaufteilung ein vorbildliches Beispiel.

Junges Wohnen mit neuen Konzepten

Neben der bereits am Anfang dieses Buches gestellten Frage, ob junge Bauherren anders bauen, lässt sich auch fragen, ob sie anders wohnen wollen. Auch hier gilt wiederum die Antwort „meistens ja"; zunächst einmal tendieren junge Bauherren zu einem offenen Wohnerlebnis, das sich vielleicht ein wenig aus der Faszination großer Altbau-Lofts speist. Gerade junge Bauherren ohne Kinder sind hier weitgehend frei in ihren Wünschen und Gestaltungsmöglichkeiten. Sind Kinder geplant, müssen allerdings in jedem Fall eigene Zimmer vorgesehen werden, damit für Schlafen, Hausaufgaben machen und anderes mehr genügend Ruhe vorhanden ist. Damit gestaltet sich – zumal wenn eine eher geringe Wohnfläche zur Verfügung steht – die Planung der gemeinsamen Wohnräume nicht immer ganz einfach; sie sollen besonders großzügig wirken, ohne den benötigten übrigen Räumen zu viel Platz wegzunehmen.

Zuhause wohnen und arbeiten

Immer weniger junge Bauherren sehen die Arbeitsstelle oder das Büro als ihren Lebensmittelpunkt an, immer mehr wollen möglichst viel Zeit bei ihrer Familie verbringen. Das spart zudem lange Wege zur Arbeit, Geld, Zeit und Nerven. Allerdings stellt sich dann die Frage, wie das Büro oder die Arbeitsräume bestmöglich untergebracht werden können. Wenn möglich, bietet sich eine gewisse räumliche Abgrenzung vom Wohnhaus an, etwa in Form eines kleinen Anbaus oder eines etwas vom übrigen Haus abgesetzten separaten Baukörpers im Garten. Bei großer Grundstücksfläche und großem Raumbedarf für das Büro oder die Arbeitsstelle ist eine räumlich getrennte Lösung immer empfehlenswert. Der Büro- oder Atelierbau kann durch großflächige Verglasung eine besonders anregende Arbeitsatmosphäre erhalten.

Die räumliche Trennung vereinfacht und verdeutlicht gerade in Familien mit kleinen Kindern die notwendige Abgrenzung der gemeinsamen Lebens- und Wohnbreiche vom Arbeitsbereich. Arbeitet allerdings der die Kinder überwiegend betreuende Partner zu Hause, ist eine größere räumliche Nähe notwendig. Hier bietet es sich etwa an, im Wohnzimmer ein gläsernes Büroabteil einzurichten oder, wenn die Raumhöhen dies zulassen, eine Bürogalerie in luftiger Höhe vorzusehen. Ob ein kleiner Arbeitsraum oder eine kleine Arbeitsgalerie ausreicht, hängt aber auch davon ab, ob öfter geschäftliche Besprechungen zu Hause stattfinden. Das kann im Wohnzimmer etwas störend werden und bietet nicht unbedingt die erforderliche Besprechungsatmosphäre.

Klare Linien und helle Farben

Bei der Einrichtungsplanung geht es in den Häusern der meisten jungen Bauherren deutlich anders zu als im Durchschnittshaus. Das manches Mal knappe Budget mag im einen oder anderen Fall dazu beitragen, dass die Räume mit wenigen, aber guten Möbeln ausgestattet sind und nicht zu überladen wirken. Auch wenn kleine Kinder im Haus sind, sollten möglichst keine alten Möbel eingeplant werden, die eigentlich keinem mehr gefallen; viele gute Massivholzmöbel und so manches Designerstück mit Patina – teils auch Klassiker aus den 50er und 60er Jahren – sind durchaus günstig zu haben, recht robust und halten manchen Kindertritt gut aus.

Wichtig für das Gelingen der Einrichtungsplanung ist die Farbgestaltung; helle Farben lassen die Räume größer wirken und machen sie zudem bedeutend heller, die Wohnatmosphäre wird dadurch stark aufgewertet. Die wichtigste Voraussetzung ist hierfür der Anstrich der Decken und der Wände, aber auch die Farbe des Bodenbelags und der Wohntextilien tragen maßgeblich zur Gestaltung der Wohnatmosphäre bei. Einfache Vorhänge aus Naturleinen oder heller Baumwolle sind wunderbar transparent, das heißt sie lassen genügend Licht durch und passen besser zu zeitgemäßer Architektur als die gerüschte Gardine. Will man die Innenarchitektur ganz pur für sich wirken lassen, kann man auch ganz auf Vorhänge verzichten. Unauffälliger sind etwa innenliegende Jalousetten aus Holz oder Aluminium.

Die Projekte

Häuser im städtischen Umfeld

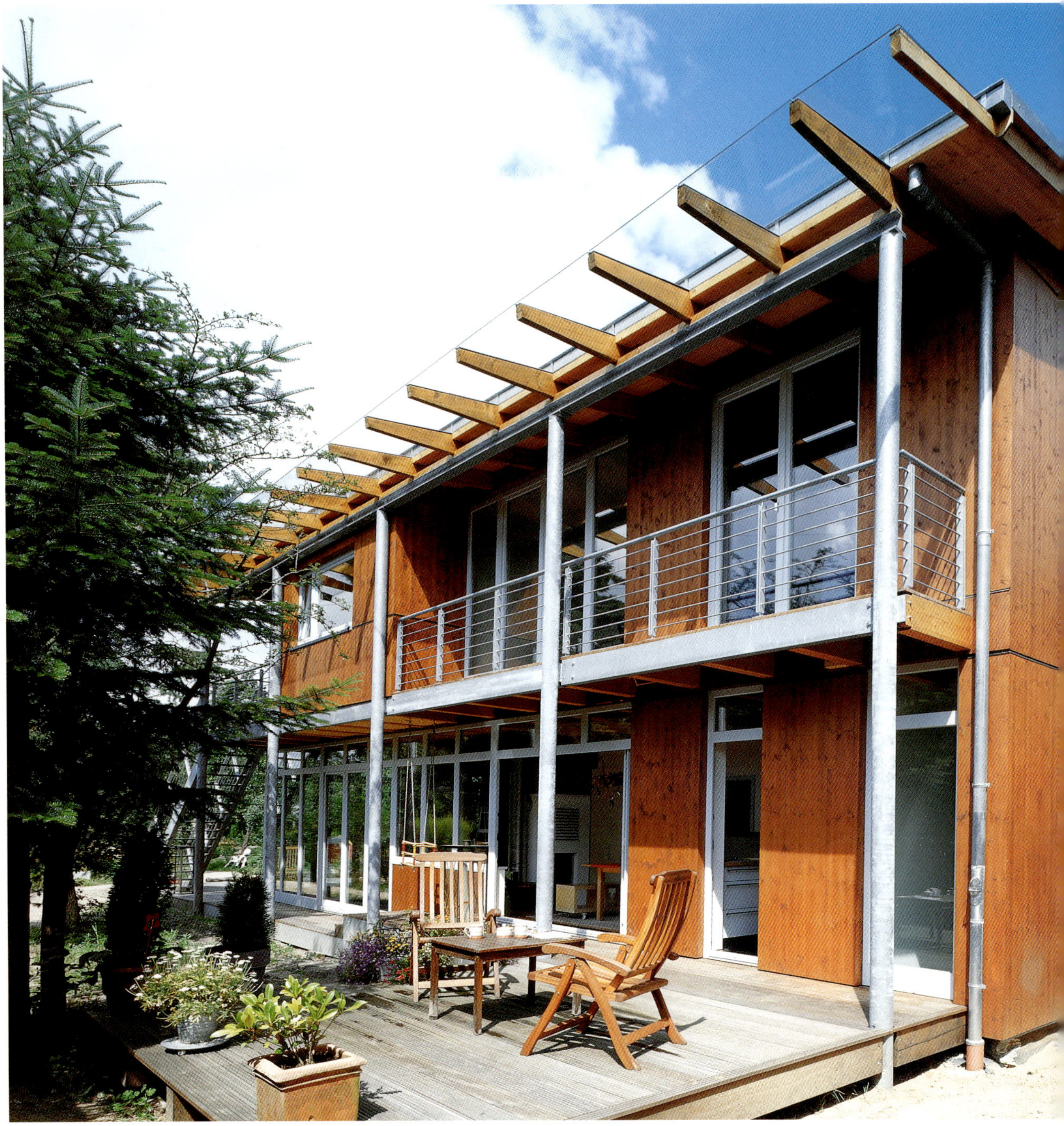

Ein Sonnenhaus auf engem Raum

Während auf einem großen Grundstück vorbehaltlich baurechtlicher Festsetzungen viel Spielraum für die Platzierung des Hauses zur Verfügung steht, stellt sich die Aufgabe für den oder die Architekten auf beengtem Raum, also im Bestand, schon bedeutend schwieriger dar; dies war auch bei dem Einfamilienhaus von Familie Meyer in Winsen an der Luhe der Fall. Die räumlichen und baurechtlichen Vorgaben ließen im Grunde nur ein streifenförmiges „Baufenster" von etwa 7,5 x 15 m zu. Problematisch war auch der Umstand, dass sich die Nachbarhäuser im Süden, Osten und Norden sehr nahe an der Grundstücksgrenze befinden. Eine Aufweitung des Grundstücks und ein sehr gewünschter Ausblick ließ sich im Grunde nur Richtung Westen erreichen. Dennoch sollte sich das Haus aber zur Sonne, nach Süden hin öffnen, die Räume sollten hell sein und die passive Nutzung der Sonnenenergie sollte ermöglicht werden.

Große Glasfronten und offenes Wohnen

Um die von Süden einfallenden Sonnenstrahlen energetisch wie auch für die Erhellung der Räume voll ausnutzen zu können, wurden im Erdgeschoss alle nach Süden ausgerichteten Aufenthaltsräume raumhoch verglast. Da die Südfassade nicht tragend ausgebildet ist, kann diese durch Faltschiebetüren fast vollständig geöffnet werden, die Verbindung von Drinnen und Draußen gelingt damit perfekt. Verschiebbare Holzlamellen-Elemente dienen als wirkungsvoller Sichtschutz, verhindern an heißen Tagen eine übermäßige Aufheizung der südlich gelegenen Räume und stellen gleichzeitig ein reizvolles Gestaltungselement dar, mit dem sich das Aussehen der Südfassade je nach Lust und Wetter verändern lässt. Vordächer sorgen für zusätzliche Beschattung im Sommer, lassen aber im Winter die dann dringend erwünschten Sonnenstrahlen ins Haus.

Um die West-Ost-Ausrichtung des Hauses zu betonen und das von Süden einfallende Licht bestmöglich auszunutzen, wurde der Grundriss im Erdgeschoss weitgehend offen gestaltet, die Räume wirken extrem großzügig. Da sich die Tiefe des Baukörpers im Verhältnis 2/3 für die Wohnräume und 1/3 für Funktionsräume und Treppenhaus unterteilt, steht besonders viel Fläche für die südseits angeordneten Hauptwohnräume und den Koch-/Essbereich sowie eine ebenfalls dort eingebaute Galerie zur Verfügung. Zudem ist dieses Verhältnis auch optimal für die passive Nutzung der Sonnenenergie geeignet. Die massive Wandscheibe zwischen diesen beiden Bereichen dient gleichzeitig zur Speicherung der Sonnenwärme. Um den nordseitig gelegenen Bereich gut zu belichten, erhielt dieser im Unterschied zu der mit Flachdach versehenen südseitigen Spange ein höheres Pultdach, wodurch hier nach Süden zusätzliche Lichtbänder eingebaut werden konnten.

Gute Ideen für die Kinder

Elternschlafzimmer und Kinderzimmer, die beiden separaten Bäder und das Arbeits- bzw. Gästezimmer wurden im Obergeschoss untergebracht; Familie Meyer und ihre Architekten dachten bei der Planung der Erschließung schon an die Zukunft: die auf der Westseite gelegenen beiden Kinderzimmer sind über eine Außentreppe und eine eigene Veranda direkt vom Garten aus zu erreichen. Dies werden die Kinder später sicher sehr zu schätzen wissen, der Familienfrieden bleibt auch bei nächtlicher Heimkehr der Sprösslinge gewahrt und eine gewisse Distanz kann, wie man aus eigener Erfahrung weiß, ab einem gewissen Alter dem Zusammenleben ja nur dienen!

S. 36/37: Ansicht der Fassade von Südosten mit den großen Fensterfronten, die viel Sonnenlicht ins Innere lassen.

Oben: Für spätmittagliche oder abendliche Mußestunden steht auf dem westseitigen Holzdeck ein gemütlicher Sitzplatz zur Verfügung.

Rechts: Ansicht von Nordosten mit dem Eingangsbereich.

Oben: Blick durchs Haus
Richtung Westen. Der
Ess- und Wohnbereich ist
nur durch eine Wärme
speichernde Wandscheibe
von Eingangsbereich und
Treppenraum getrennt.

Rechts: Blick nach Osten.
Die großen Glasflächen
lassen Innen und Außen
ineinander übergehen.

Oben: Das Bad wird durch Dachsheds stimmungsvoll belichtet.

Links: Der Flur des Obergeschosses erschließt das Kinderzimmer, das Elternschlafzimmer und die dazwischen geschaltete Galerie.

Oben: Blick von der
Galerie ins Erdgeschoss.

Rechts: Vom Küchen-
und Essbereich geht
es direkt zum Sitzplatz
im Freien.

Oben: Ansicht von Südwesten. Die Außentreppe erschließt den „Kindertrakt".

Rechts: Familie Meyer an einem ihrer zahlreichen Lieblingsplätze.

Architekten

freistil ARCHITEKTEN
Projektmitarbeiter:
Sabine Zweig, Arne Nachtigahl, Stephan Tietjen, Will Heckhoff
Brandshofer Deich 114
D-20539 Hamburg
Telefon 0 40-7 89 22 66
Fax 0 40-7 89 22 69
office@freistil.de
www.freistil.de

Baudaten

Bauzeit: 2000–2001
Grundstücksgröße: 1100 m²
Bauweise: Holzrahmenbauweise, massive Zwischenwand als Energiespeicher
Energiesparmaßnahmen und ökologische Aspekte: Optimale Dämmung (Stärke Wand 16 cm, Dach 22 cm); passive Solarenergienutzung durch große Glasfronten im Süden und Westen und Wärmespeicher; Solarkollektoren auf dem Dach; Holzfassade und Holzlamellen aus Lärchenholz
Energieversorgung: Brennwertkessel
Dachdeckung: Titanzinkblech
Bodenbeläge: Pitch-Pine-Holzdielenböden
Umbauter Raum: 830 m³
Wohnfläche gesamt: 150 m²
Reine Baukosten je m² Wohnfläche: € 1400.–

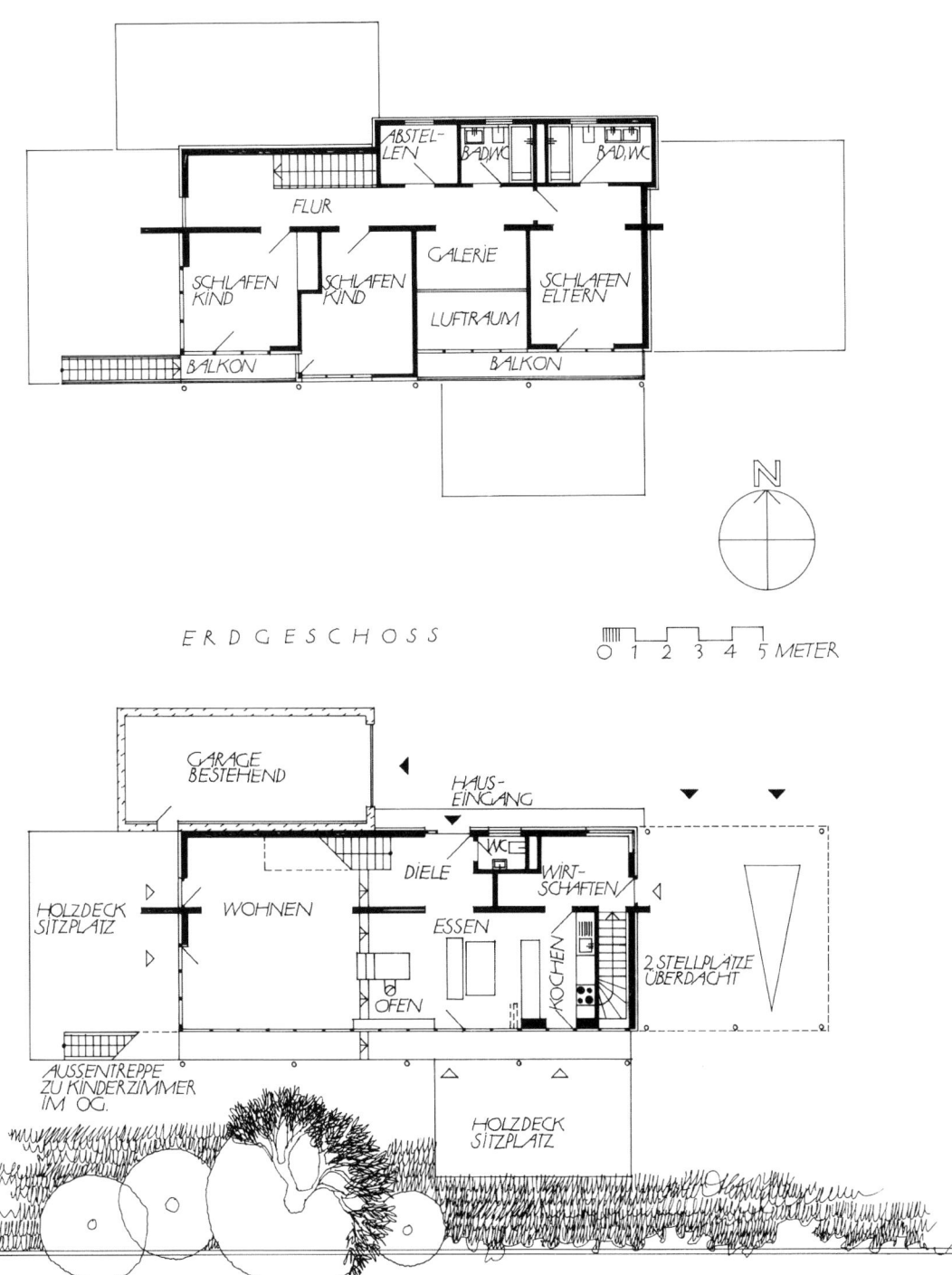

ABSTEL-
LEN

BAD/WC

BAD,WC

FLUR

GALERIE

SCHLAFEN KIND

SCHLAFEN KIND

LUFTRAUM

SCHLAFEN ELTERN

BALKON

BALKON

N

ERDGESCHOSS

0 1 2 3 4 5 METER

GARAGE BESTEHEND

HAUS-EINGANG

HOLZDECK SITZPLATZ

WOHNEN

DIELE

WC

WIRT-SCHAFTEN

ESSEN

KOCHEN

OFEN

2 STELLPLÄTZE ÜBERDACHT

AUSSENTREPPE ZU KINDERZIMMER IM OG.

HOLZDECK SITZPLATZ

Architektur- und Wohnerlebnis auf kleinem Raum

Dass junge Bauherren ihr Traumhaus oft nur nach langwierigen Auseinandersetzungen mit Genehmigungsbehörden und politischen Entscheidungsträgern wahr werden sehen, wurde bereits zu Beginn dieses Buches erwähnt. Auch die Familie Reinecke wollte eigentlich nur ein schönes und gutes, dabei aber im besten Sinne bescheidenes Haus bauen, das zudem eine bis dato in weitem Umkreis ungekannte visuelle Qualität besitzen sollte. Als bewusst zitierte Referenz fungierte der renommierte schwäbische Architekt Thomas Wechs, dessen nahe gelegenes „Exerzitienhaus" als herausragendes Zeugnis der klassischen Moderne gilt. Trotz eines solch positiven Vorgängers im näheren Umkreis stieß man bei der Baugenehmigung jedoch auf schwere Bedenken, die sich unter anderem am vorgesehenen Flachdach und dem – nur im Hausinneren vorgesehenen – Baumaterial Sichtbeton entzündeten. Man sieht also, dass moderne Architektur die Gemüter selbst nach einem Jahrhundert noch immer erhitzt ...

Mit langem Atem zum Ziel

In ausführlichen Gesprächen mit den Nachbarn, bei der Baubehörde und im Stadtrat erläuterte der beauftragte Architekt, Titus Bernhard, das Konzept des Hauses und warb gemeinsam mit den Bauherren für ihren Entwurf. Selbst die mit der Bebauungssatzung kollidierende vorgesehene Umfriedungsmauer, die mit ihrer geschwungenen Linienführung und ihrer skulpturalen Qualität einen architektonisch eigenständigen Charakter bekommen sollte, war Gegenstand intensiver Diskussionen. Am Ende überzeugte jedoch der Sachverstand von Architekt und Bauherrschaft, das Haus konnte nahezu wie vorgesehen verwirklicht werden. Die Gemeinde hat letztendlich ihre Kompetenz gezeigt und einen Beitrag zur Baukultur geleistet. Ein solch positives Ergebnis lässt sich selbstverständlich nur mit einem engagierten, von seiner Planung überzeugten und fachlich überzeugenden Planer erreichen. Ein weiterer Beleg dafür, was bei entsprechendem Einsatz entgegen aller Widrigkeiten möglich ist! Der Lohn für diesen außergewöhnlichen Aufwand waren für den Architekten eine Reihe von Folgeaufträgen, die sich unmittelbar aus diesem Projekt ergaben.

Überzeugendes Raum- und Wohnerlebnis

Nicht nur die Skeptiker waren nach Fertigstellung des Hauses von seinen Qualitäten überzeugt; wichtiger noch ist, dass sich die Familie Reinecke

Seite 44/45: Ansicht des Hauses von Osten mit dem Eingangsbereich, rechts davon der Carport.

Oben: Auffallendstes Element auf der Westseite ist die wintergartenähnliche Überkopfverglasung im Obergeschoß.

selbst in ihr Haus richtiggehend verliebt hat. Ihr kleiner Sohn hat alle Räume des Gebäudes schon für sich erobert; am liebsten hält er sich im lichtdurchfluteten, mit großen Glasscheiben nach Süden und Westen blickenden Wohn- und Essbereich auf. Darauf, dass das Wohnerlebnis voll angenommen wird, weisen schon auf den ersten Blick die verschiedenen dort entstandenen Spielsachenlager hin ...

Das vom Architekten als „bewohnbare Skulptur" gedachte Haus lebt auch vom gekonnten Einsatz des natürlichen Lichts, das zu unterschiedlichen Tages- und Jahreszeiten immer wieder besondere Stimmungen entstehen lässt. Die Helligkeit des Treppenhauses trägt dazu entscheidend bei;

was sonst oft wie ein an das Haus an- oder hineingeflickter Notbau wirkt, ist hier der gestalterische Mittelpunkt des Gebäudes. Der im Obergeschoss unter einem Oberlicht gelegene, selbst bei diffusen Lichtverhältnissen sehr gut belichtete Aufenthaltsbereich ist als Rückzugs-, Ruhe- und Leseecke für die ganze Familie konzipiert.

Das wintergartenartige Glasbauteil im Obergeschoss schafft aber nicht nur zusätzliche Wohn- und Aufenthaltsqualität, sondern sorgt bei offenen Türen auch für die optimale, innenliegende Belichtung der beiden auf der Südseite angeordneten Kinderzimmer sowie des gegenüber platzierten Elternschlafzimmers mit Ankleide. Solch eine sinnvolle räumliche Trennung von Eltern-

und Kindbereichen werden die Kinder besonders in späteren Jahren zu schätzen wissen, wenn sie Wert auf eigene Privatsphäre legen. Entsprechend diesen Bedürfnissen wurde auch ein eigenes Kinderbad vorgesehen.

Bessere Raumwirkung durch umfassende Transparenz

Eine Besonderheit der Planung war es, dass die Raumwirkung der knapp bemessenen Grundfläche durch die weitgehende Vermeidung unnötiger Sichtbarrieren verbessert wurde. Profile von Glasscheiben wurden möglichst filigran gestaltet und auf das notwendige Minimum reduziert, die Stahlzargen der Glastüren schließen bündig mit dem Innenputz ab.

Die Überkopfverglasung im Obergeschoß war eine besonders diffizile Bauaufgabe, die von einem kleinen, engagierten und dabei preisgünstigen Schreinerbtrieb aus dem Allgäu mit Bravour gemeistert wurde. Voraussetzung für die Verwirklichung des architektonischen Konzepts war eine absolut genaue Ausführung mit Ganzglasecken, schmalsten Profilen und einem Oberlicht mit Stufenfalz, das auf das foliengedeckte Flachdach entwässert. Ein weiterer Beweis für die These, dass es wenige unmögliche Aufgaben gibt, sondern es vielmehr darauf ankommt, den richtigen Handwerker – und den richtigen Planer zu finden!

Oben: Die sachlich stählerne Gartentüre mit Durchblick zum Zufahrts- und Eingangsbereich.

Links: Der Wohnbereich bietet einen weiten Ausblick auf den großzügigen Garten – ein wahres Kinderparadies!

Unten: Auf der Ostseite befindet sich eine durch die Mauer geschützte Terrasse mit direktem Zugang zum Wohn- und Essbereich. Das Holzdeck wurde in Eigenleistung verlegt.

Oben und rechte Seite:
Im Obergeschoß wer-
den die Flure durch
die Überkopfvergla-
sung zu einem sehr
angenehmen Aufent-
haltsbereich. Hier soll
noch eine stimmungs-
volle Leseecke ent-
stehen.

Oben links: Durchblick vom Wohnraum zum Gang, rechts der Koch-bereich.

Oben rechts: Familie Reinecke im Garten beim ersten Kinder-geburtstag.

Links: Eine Glasscheibe lässt die ins Oberge-schoss führende Treppe als Skulptur hervor-treten.

Architekt

Titus Bernhard
Bahnstraße 18
D-86199 Augsburg
Telefon 08 21-99 57 41
Fax 08 21-99 57 42
E-Mail: bernarch@compuserve.com
www.titusbernhardarchitekten.com (ab Mai 2002)

Adressen wichtiger Handwerker

Fensterbau und Schreinerarbeiten
Nikolaus Jocham
Gottratzhofen 17
D-88260 Argenbühl
Telefon 0 75 66-12 76

Baudaten

Bauzeit: 1999–2000 (13 Monate)
Grundstücksgröße: 800 m²
Bauweise: Massivbauweise in Hochlochziegel für die Außenmauern und Mineralputz, weißer Anstrich mit Mineralfarbe; westseitige Überkopfverglasung in Pfosten-Riegel-Konstruktion; Innentreppe und Wandscheiben aus Sichtbeton, ansonsten Innen-wände in Hochlochziegel verputzt, weiß gestrichen; Bodenbeläge: Schiefer anthrazit im Erdgeschoss, orangefarbenes Linoleum im Obergeschoss.
Umbauter Raum: ca. 750 m³
Wohnfläche gesamt: ca. 140 m²
Reine Baukosten je m² Wohnfläche:
keine Angaben

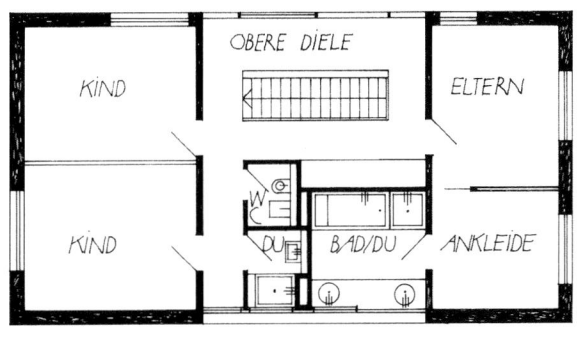

OBERGESCHOSS

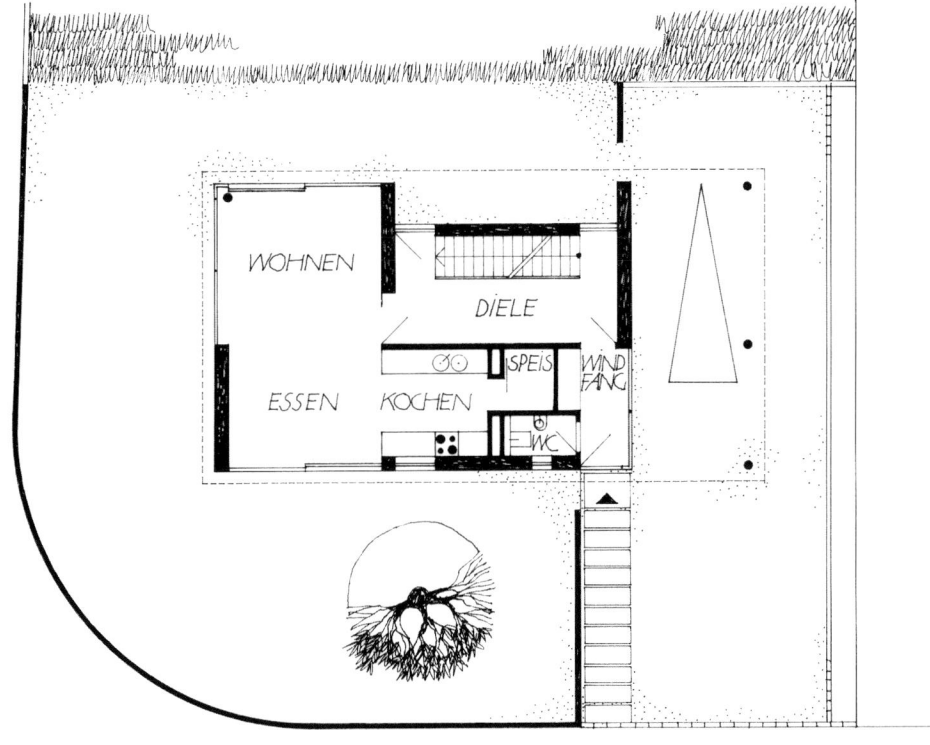

ERDGESCHOSS

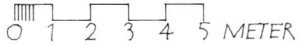

0 1 2 3 4 5 METER

Das Haus auf dem Haus

Junge Familien, die ein Haus von den Eltern oder Großeltern geerbt haben, haben zunächst schon einmal den Vorteil der Kostenersparnis für den Grundstückserwerb auf ihrer Seite. Das hierbei nicht ausgegebene Geld kann nun beispielsweise in die Renovierung und den Umbau oder, wenn der vorhandene Platz den Bedürfnissen nicht genügt, den Ausbau des Dachgeschosses oder die Erstellung eines Erweiterungsbaus fließen. Im Fall der Familie Hacker überzeugte der beauftragte Architekt, Wolfgang Ott, die Bauherren von der Idee der Dachaufstockung. Dies war die logischste Möglichkeit, um den bestehenden Flachdachbau zu erweitern. Anders als bei einem neuen Anbau oder einem Erweiterungsbau im Garten war dabei ein Zugewinn an Wohnfläche möglich, ohne kostbaren Lebens- und Spielbereich für die Kinder zu verschenken.

Mehr Raum durch Pultdach-Aufstockung

Mit der Dachaufstockung wurde es möglich, viele Räume bei gleichzeitig sinnvoller Grundrissgestaltung unterzubringen. Zudem besaß die Variante der Dachaufstockung in der verwirklichten Form den Vorteil, gestalterische Akzente zu setzen. In dem so neu entstandenen 2. Obergeschoss konnten nun das Elternschlafzimmer, drei Kinderzimmer und ein Gästezimmer sowie Bad/WC untergebracht werden. Durch das Fehlen von Dachschrägen sind alle Räume uneingeschränkt nutzbar. Damit besitzt das flache Pultdach nicht nur gestalterische Funktion, sondern verbessert vor allen Dingen den zur Verfügung stehenden Wohnraum und das Wohngefühl gegenüber konventionellen Dachausbauten ganz erheblich.

Im ersten Obergeschoss befindet sich heute der Wohn- und Essbereich, das Erdgeschoss bleibt dem Arbeiten vorbehalten.

Filigran und transparent

Auf der südwestlichen Seite stellt sich der neu aufgestockte Bauteil komplett verglast dar; über vier Fenstertüren gelangen die Bewohner von jedem Zimmer direkt auf den durchgehenden, holzgedeckten Balkon. Die filigranen verzinkten Stahlstützen und die ebenfalls aus verzinktem Rundstahl gefertigte Balkonbrüstung ermöglichen einen ungehinderten Ausblick, der bei klarer Sicht bis zu den Alpen reicht.

Seite 52/53: Gesamt-
ansicht mit dem auf-
gestockten Geschoss
von Nordosten.

Oben links: Die ver-
schiebbaren Holz-
lamellenläden sind
gestalterisch wirkungs-
voll und erlauben die
Regulierung der
Sonneneinstrahlung
nach Bedarf.

Oben rechts: Die filigra-
nen Stützen mit dem
Geländer und Rank-
gerüst aus Stahl lassen
die Qualität der Fassa-
dengestaltung bestens
zur Wirkung kommen.

Unten links: Der durch-
gehende, holzgedeckte
Balkon auf der südöst-
lichen Hausseite bietet
nicht nur Aufenthalts-
raum im Freien, son-
dern ist gleichzeitig
auch Erschließungssteg
für die Kinderzimmer
und das Elternschlaf-
zimmer.

Unten rechts: Durch
Dachsheds wird das
aufgestockte Geschoß
hervorragend belichtet.
Oberlichter lassen das
Licht in die einzelnen
Schlaf- und Büroräume
dringen.

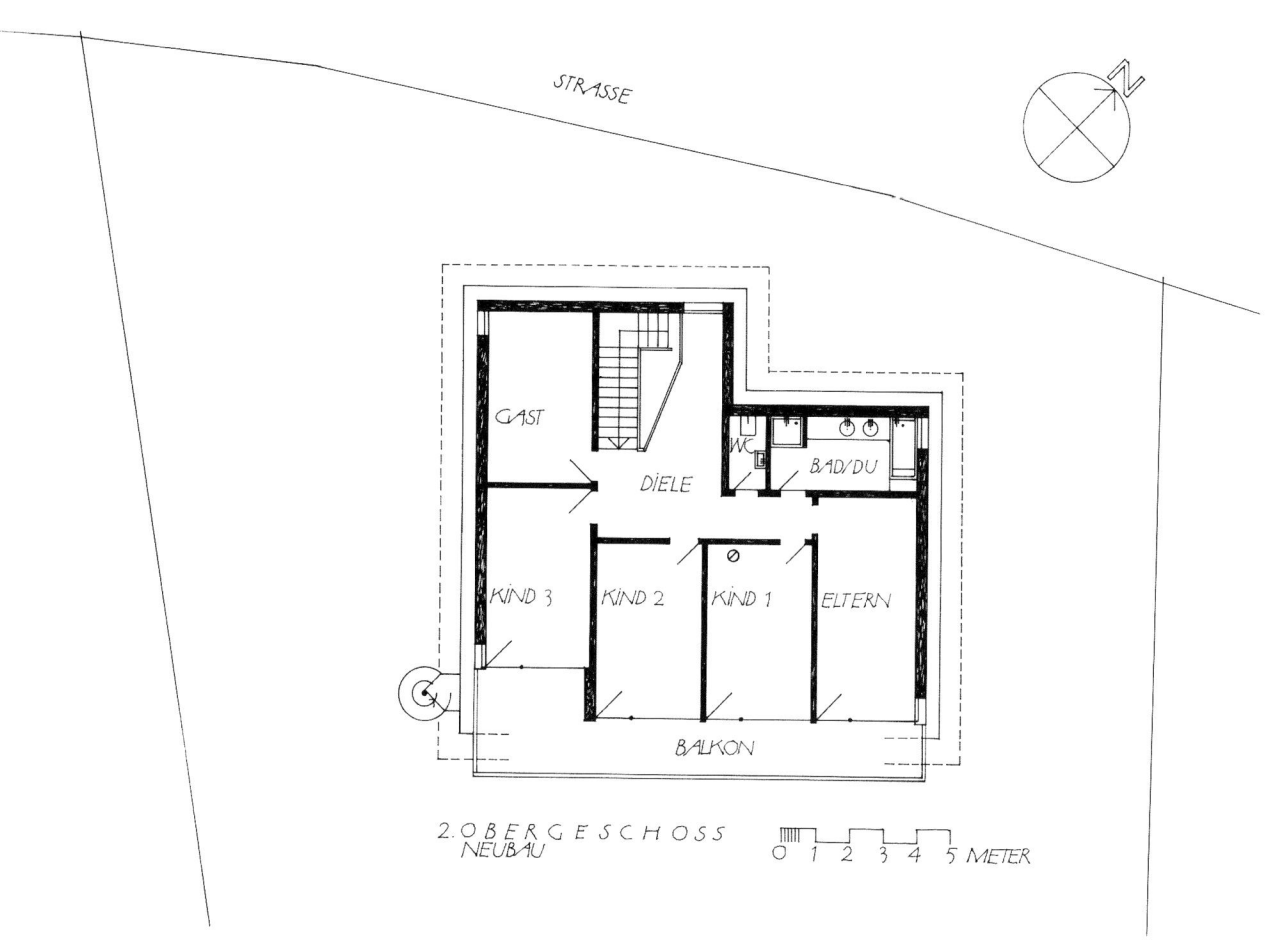

STRASSE

N

GAST

DIELE

WC

BAD/DU

KIND 3

KIND 2

KIND 1

ELTERN

BALKON

2. OBERGESCHOSS
NEUBAU

0 1 2 3 4 5 METER

Architekten

Ott Architekten
Ulrike Seeger und Wolfgang Ott
Projektleitung: Heike Benk
Max-von-Laue-Straße 9
D-86156 Augsburg
Telefon 08 21-20 75 70
Fax 08 21-2 07 57 22
info@ott-plan.de
www.ott-plan.de

Baudaten

Bauzeit Dachaufstockung: 1999 (4 Monate)
Grundstücksgröße: 1200 m²
Bauweise Dachaufstockung: Holzskelettbauweise
Bodenbeläge: Linoleum
Umbauter Raum: 420 m³
Wohnfläche Dachaufstockung: 130 m²
Wohnfläche gesamt: 260 m²
Reine Baukosten je m² Wohnfläche: € 1 000.–

Ein Holzhaus am Zürichsee

Ein Grundstück mit Blick auf den Zürichsee – eine perfekte Kulisse für die Inszenierung eines visuell überzeugenden Einfamilienhauses. Vielleicht bekommt der eine oder andere junge Bauherr dadurch auch Lust oder den Anstoß, nahe einem Gewässer, einem Bach oder auch einem Fluss ein Grundstück zu erwerben und dort zu bauen. Bekanntlich trägt die Nähe von Gewässern und deren sanftes Rauschen auch nach den Regeln des Feng Shui in hohem Maße zum Wohlbefinden aller Familienmitglieder bei. Dies trifft auch in diesem Falle zu, denn Haus und Umgebung strahlen eine gelassene, gleichzeitig aber erfrischende Stimmung aus. Um das Wasser-Erlebnis perfekt zu machen, fährt die Familie gern mit dem vom Großvater ererbten Ruderboot auf den See hinaus, zum Einkaufen und auch ins Restaurant. Als „Garage" für das Familien-Gefährt dient ein neu errichtetes Bootshaus, dessen Deck und Holzverschalung in der Nähe des Wassers schnell eine reizvolle graue Patina bekommen.

Architektur mit Aussicht

Eine ungetrübtere Aussicht auf den See als bei diesem Einfamilienhaus in Erlenbach lässt sich kaum denken: Die gesamte Seeseite des Gebäudes ist über beide Geschosse großflächig verglast, alle Konstruktionsprofile sind so ausgeführt, dass sie wenig Platz wegnehmen und den Ausblick möglichst wenig behindern. Ganz filigrane, kaum wahrnehmbare weiße Stützen aus Rundstahl tragen das sich weit zum See hin spannende Dach der Veranda. Der riesige, holzgedeckte Sitzplatz, der durch ein schmales Lichtband im Dach zusätzlichen Reiz und optimale Belichtung erhält, scheint förmlich über dem Gartenniveau zu schweben. Über wenige Stufen gelangt man in den Garten und hinunter zum See. Bei bedecktem Himmel scheint das Haus beim Blick nach draußen förmlich mit dem Wasser zu verschmelzen. Das Veranda-Deck mit der Stützenkonstruktion und dem Dach wirkt gleichzeitig als verbindendes Element für die beiden Wohnebenen.

Das Haus mit den zwei Gesichtern

Während die Seeseite mit ihrer großflächigen Verglasung Transparenz ausstrahlt, sind die übrigen drei Seiten in bewusster Abgrenzung durch weitgehend geschlossene Holzfassaden gekennzeichnet. Die angemessen großen Fenster auf den an die Glasfassade anschließenden Seiten ermöglichen jedoch die Aussicht in alle Richtungen.

Seite 56/57: Überlegt
gegliedert: Die „wasser-
abgewandten" Seiten
des Hauses präsentieren
sich großflächig holzver-
schalt, die Fassaden-
öffnungen beschränken
sich auf das Notwendige.

Links: Blick von der
Hangseite auf das Haus
und die oberhalb situierte
Garage.

Unten: Grandioses
Panorama mit Familien-
Stillleben: Blick vom
Obergeschoss auf den
Zürichsee.

Grundrissgestaltung und Raumplan

Die Wohn- und Arbeitsräume als die hauptsäch-
lichen Aufenthaltsbereiche befinden sich ebenso
wie der Essplatz im Erdgeschoss und sind der
Seeseite unmittelbar zugeordnet. Weniger wichtige Funktionen wie der Wirtschaftsraum wurden
auf der Nordostseite angeordnet. Die Schlafräume sind gleichsam als separater Lebensbereich
im Obergeschoss untergebracht. Besonders fas-
zinierend ist der sich über die gesamte Breite des
Obergeschosses erstreckende Balkon, der mit
einem filigranen Geländer in Holz-Stahl-Kon-
struktion versehen wurde. Er wirkt wie die natürliche Fortsetzung des Innenraums nach außen.
Als Verbindungsglied zwischen dem unteren und
dem oberen Stockwerk fungiert die auf der
Erschließungsseite integrierte Eingangshalle mit
der dort eingezogenen Galerie. Belichtet wird
diese Halle durch ein nach Nordosten ausgerich-
tetes Shed-Oberlicht. Ansonsten ordnet sich der
Eingangsbereich ganz dem auf Geschlossenheit
ausgerichteten Konzept unter. Die Haustür und
zwei kleine, liegende Fenster im Erdgeschoß bilden die einzigen, kastenartig wirkenden Fassa-
denausschnitte.

Das Architektur-Raum-Kontinuum

Die Nebengebäude, also das Bootshaus am See
und die dem Eingangsbereich vorgelagerte Garage, bilden zusammen gleichsam eine gedachte
Achse, die den Geländeabfall zum Zürichsee
nachzeichnet. Sowohl durch die Flachdachkon-
struktionen als auch durch die Holzfassaden entsteht zwischen den drei Baukörpern gestalterische Einheitlichkeit – ein Kunstwerk der Transparenz für eine junge Familie.

Ein deutliches Kontrast-
programm zu den übri-
gen Seiten des Hauses
bietet die vollständig
verglaste Südfassade.

Oben: Der Kochbereich
im Erdgeschoss.

Links: Blick ins Treppen-
haus.

Rechts: Die Dachverglasung belichtet trotz des weit ausladenden Vordachs den auf der Südseite durchlaufenden Balkon und die Innenräume hervorragend.

Ganz rechts: Blick vom Schlafzimmer zum See.

Unten links und rechts: Die „Ruderboot-Garage" innen und außen.

Stimmungsvolle Sitz-
ecke vor dem Kamin.

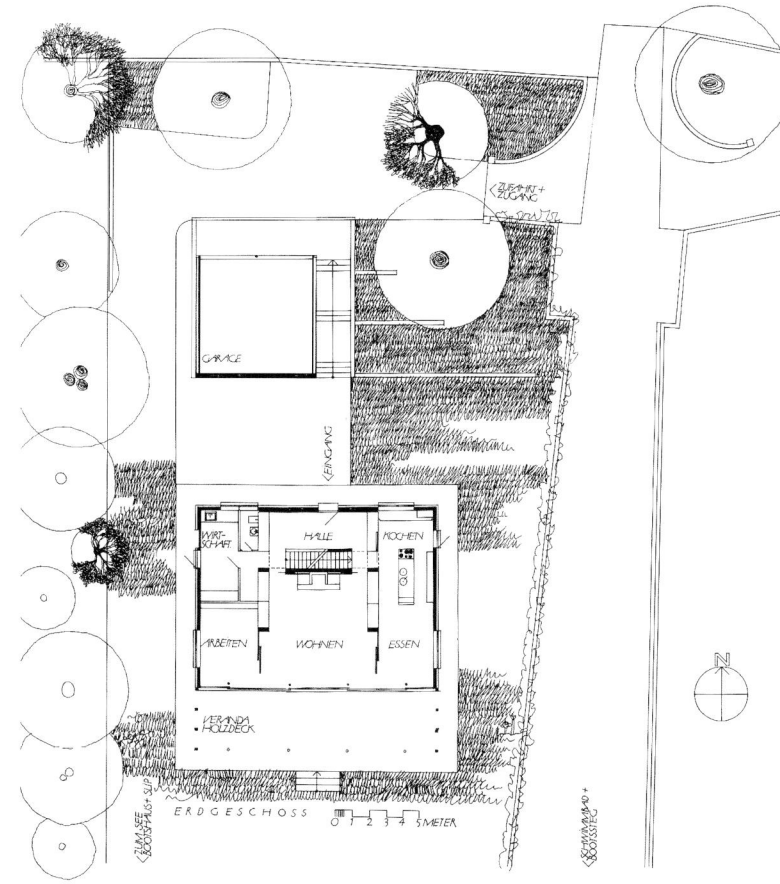

ERDGESCHOSS 0 1 2 3 4 5 METER

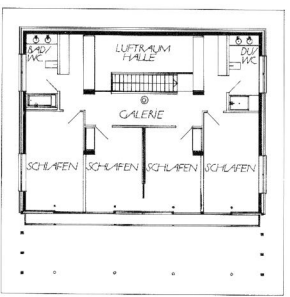

OBERGESCHOSS

Architekten

Kurt Hauenstein und J. C. Wehrli
Projektmitarbeit: G. Frei
atelier.f
CH-7306 Fläsch
Telefon 00 41-81-3 30 12 92
Fax 00 41-81-3 30 12 91
E-Mail: architektur@atelier-f.ch
www.atelier-f.ch

Baudaten

Bauzeit: 1994–1995 (15 Monate)
Grundstücksgröße: ca. 1700 m²
Bauweise: seeseitige Fassade in Stahl-Glas-Konstruktion, im übrigen Holzbauweise (außen Verschalung aus Zedernholz, dann Hinterlüftungsebene, Tragkonstruktion und Dämmung, innen Gipsplatten); Glas-Sheds zur Belichtung von oben
Energiespar-Maßnahmen/Dämmung und ökologische Aspekte: Stärke der Dämmschicht 18 cm (Außenwände)/24 cm (Dach); Verwendung von nicht-tropischem, unbehandeltem Zedernholz
Wohnfläche gesamt: ca. 300 m²
Umbauter Raum (BRI): ca. 2 100 m³
Reine Baukosten je m² Wohnfläche: 5 500.- sFr

Ein Haus in den Bergen

Dass sich aus Beton nicht nur hässliche Klötze formen lassen, haben viele gute Architekten hinlänglich beweisen. Oft eignet sich der Baustoff sogar besonders gut, um die Ausstrahlung und den Charakter eines Ortes hervorzuheben und zu betonen. Die mittlerweile mit ihrem Parkhaus in Saas-Fe wie auch anderen Projekten zu großem Renommee gelangten Architekten Steinmann und Schmid gehören keineswegs zur reinen „Beton-Fraktion", die sich ohne Beton nicht zu helfen wissen, sondern haben sich etwa auch schon beim Bau wunderschöner Holzhäuser bewiesen. Jedoch gab die Umgebung des vorgesehenen Hauses den Architekten den Charakter vor: Die Rauheit und die Farbe der Walliser Berge war mit Sichtbeton perfekt auszudrücken und aufzunehmen.

Terrassen auf dem Fels

In den Außenbereichen von Naters befindet sich an einem steilen Felshang das Einfamilienhaus der Familie Hischier, die bei der Wahl ihres Hauses großen Mut zur Reduzierung bewiesen hat. Zwei aufeinander gesetzte Baukörper mit flachen Dächern, die unmittelbar auf den Fels gebaut wurden, lassen eine ruhige Terrassenlandschaft entstehen. Die Anordnung der übereinander geschichteten Gebäudeteile schafft sehr großzügige, skulptural untergliederte Aufenthaltsräume im Freien, die den Ausblick auf die nahe Bergwelt genießen lassen. Dabei fungiert das über dem Keller befindliche Schlafgeschoss als Sockel für das darüber platzierte, kranartig über den Hang auskragende Wohngeschoss.

Wohn- und Schlafebene im gestalterischen Wechselspiel

Das Schlafgeschoss stellt sich als Abfolge von Schlafräumen, Kinderzimmern und Arbeitsraum dar, die durch einen hangseitig angeordneten Gang und Treppenhaus erschlossen werden; dagegen betont das Wohngeschoss seine Offenheit und vermeidet unnötige Wände und Sichtbarrieren. Während das Schlafgeschoss sich nach Süden öffnet und den Blick auf das Simplonmassiv freigibt, ist das Wohngeschoss nach Osten beziehungsweise Westen orientiert. Große Schiebetüren öffnen den Wohnraum zu den großen Terrassen.
Die Aluminium-Fenster ergänzen die ungeschminkte Rohheit des Sichtbetons.

Seite 64/65: Das Haus
scheint gleich kubischen
Felsbrocken aus dem
Berg herauszuwachsen.

Die durch Mauern und
Brüstungen gegliederte
Terrassenlandschaft bie-
tet viele faszinierende
Ausblicke auf das Haus
und die umgebende
Natur.

Bescheidung und Geradlinigkeit
in der Innenraumgestaltung

Ebenso wie bei der Wahl des Baumaterials legten die Bauherrschaft und die Architekten auch beim Innenausbau Wert auf Eindeutigkeit und Geradlinigkeit. Dabei wurde wiederum auf das Material Beton zurückgegriffen; aus Beton, der in einem hellen Rotton eingefärbt wurde, entstanden die Theke in der Küche, die Waschtische im Bad und auch die Trennwände zwischen Bad, WC und Dusche. Die Gestaltung von Theke und Waschtisch zitiert die Gesamtform des Gebäudes mit den übereinander angeordneten Baukörpern. Um die Oberfläche des Betons angeneh-

mer zu machen und dem Wohnumfeld anzupassen, sind die Oberflächen glatt ausgeführt.

Weiße Wände, anthrazitfarbene Schieferböden und der dunkelgrün-auberginefarbene Einbauschrank im Schlafgeschoß geben das betont zurückgenommene Farbkonzept vor.

Die Prämisse größtmöglicher Bescheidung beschränkte sich nicht auf die Innenarchitektur, sondern wurde von der Bauherrschaft unter beratender Mitarbeit der Architekten auch perfekt auf die Einrichtung übertragen. Sparsam platziertes Mobiliar setzt punktuelle Farbakzente in Rot, Grün und Gelb. Kein Raum ist zugestellt, kein Nippes stört den geradlinigen Gesamteindruck.

Unten links: Im Erdgeschoss: Weiße Wände, anthrazitfarbener Schiefer und dunkle Einbauschränke mit magischer Wirkung

Unten rechts: Ungewöhnliche Kücheneinrichtung: Theke und Hängeschränke aus rot eingefärbtem Beton.

Links oben und unten: Im Wohnbereich setzen sparsam platzierte farbige Möbel und Teppiche Akzente im sachlich weiß-anthrazit gehaltenen Umfeld.

Rechts unten: Familie Hischier auf ihrem „Lieblings-Sofa".

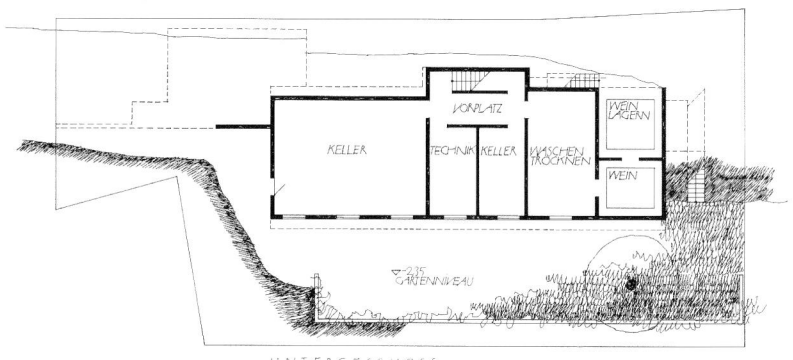

UNTERGESCHOSS

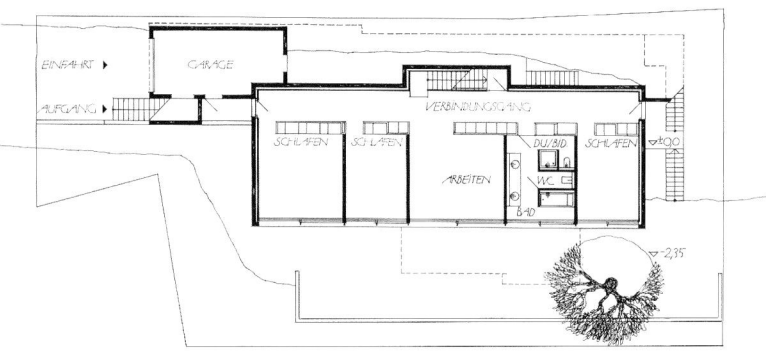

ERDGESCHOSS

Architekten

Steinmann & Schmid Architekten
Peter Steinmann und Herbert Schmid
Rebgasse 21a
CH-4058 Basel
Telefon 00 41-61-6 86 93 00
Fax 00 41-61-6 86 93 01
sch@steinmann-schmid.ch
www.steinmann-schmid.ch

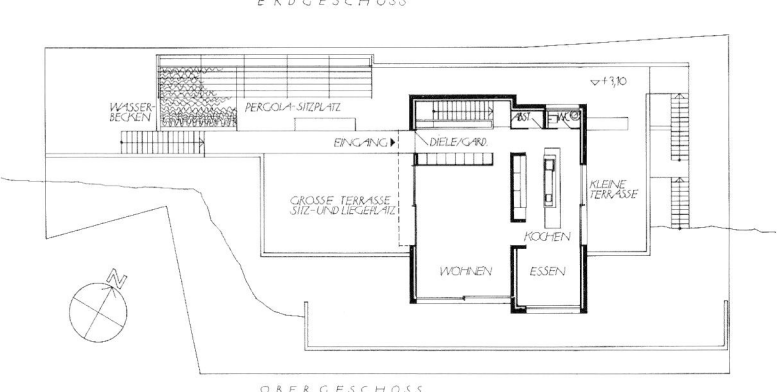

OBERGESCHOSS

Baudaten

Bauzeit: 1995
Grundstücksgröße: ca. 570 m²
Bauweise: Sichtbeton für die Außenwände, innen
Isolation 12 cm
Bodenbeläge: Gebrochener Schiefer, anthrazit-
farben
Umbauter Raum: 1270 m³
Wohnfläche gesamt: 220 m²
Reine Baukosten je m² Wohnfläche: 4 500.– sFr

Ein Haus in den Bergen   69

Ein Haus in der Landschaft

Viele Spaziergänger kommen auf ihren Wanderungen an dem neu erbauten Wohngebäude des Tirschenreuther Architekturbüros Brückner & Brückner vorbei, halten inne, staunen und wissen oft nicht recht, wie sie diesen etwas unbekannt anmutenden Bau einordnen sollen. Oft wird das im Jahr 2001 fertiggestellte Haus gar nicht als Wohngebäude erkannt – zu ungewohnt-einfach und geradlinig präsentiert es sich in seiner äußeren Gestaltung. Für die Bauherrenfamilie und die Architekten jedoch ist dieses einfache und unverfälschte Moment gerade ein bei ihrer Planung von vornherein einbezogener Effekt gewesen; das Einfamilienhaus sollte sich harmonisch und unauffällig in die umgebende freie Naturlandschaft einfügen und sich eben nicht bereits von weitem als Wohngebäude zu erkennen geben. Dieses Konzept lag wegen der Einzellage des Grundstücks nahe, auf dem neben dem bestehenden Fischzuchtbetrieb nun ein Wohnhaus mit Gewerberäumen entstehen sollte.

Eins mit der Natur: Die äußere Gestalt

Bereits durch die bewusste Auswahl der Baumaterialien erreichten die Architekten die Einheit von Haus und Landschaft. Die massive, waagerechte Lärchenholzverschalung im Wechsel mit gelb-grauem Granit bestimmen das äußere Erscheinungsbild der Fassade. Das Holz wurde im eigenen Wald eingeschlagen, der grob gebrochene und präzise gesägte Oberpfälzer Granit stammt aus einem nahe gelegenen Steinbruch. Durch die Einheit von Bauort und Abbauort der Materialien entsteht eine Art „Genius Loci", eine besondere Magie des Ortes.

Fenster als Lichtfugen

Auf den Traufseiten fungieren die Fensterbänder als eine Art Fuge zwischen Holz und Stein. Die hangseitige Eingangstüre bildet zusammen mit dem waagerechten Fensterband ein transparentes L. Die südliche Giebelseite des Satteldachbaus ist vollständig mit Lärchenholz verschalt, nur jeweils direkt übereinander liegende, lichtbandartige Fenster durchbrechen die Einfachheit. Nordseits zeigt sich die Fassade im Erdgeschoss in Flossenbürger Granit, im Obergeschoss leichter und damit in Holz. Dieses Wechselspiel aus Holz und Stein wird seinen Charakter im Lauf der Zeit noch verändern, wenn sich das Lärchenholz nach und nach der Farbe des Steins angleicht.

Seite 70/71: Blick von Osten auf das Haus.

Links: Mutig eindeutig gegliederte Fassade (Nordseite). Stein und Holz markieren Erd- und Obergeschoss.

Unten: Charakteristisch: Das Spiel der Materialien und der skulptural wirkenden Glasbänder.

Zwischen Drinnen und Draußen: Wohnen mit der Landschaft

Die Wechselspiele der natürlichen Materialien auf der Fassade korrespondieren mit dem Spiel von Licht und Schatten im Inneren des Hauses; die bandartigen Fensterformate lassen bei Sonnenschein in den Räumen des Hauses ganz ungewöhnliche Lichtwirkungen und Schattenspiele entstehen. Dies kommt vor allem dem Wohngefühl im großen, erdgeschossigen Wohn-, Ess- und Kochbereich – der „guten Stube" – zugute, wo sich das gemeinsame Leben der Familie Rösch meist abspielt. Durch das weitgehende

Fehlen von trennenden Wänden und die unge-
hinderte Aussicht über die Oberpfälzer
Hügellandschaft wirkt der Raum nicht nur sehr
großzügig, sondern stellt auch einen unmittel-
baren Bezug zur umgebenden Naturlandschaft
her, der durch keine störende Bebauung verun-
klart wird. Die Aussichts- und Sonnenterrasse
am Wasser vervollkommnet das Wohnerlebnis.

Zwei Hausseiten
für Wohnen und Arbeiten

Der Flur und das Treppenhaus verbinden und
trennen die Lebensbereiche Wohnen und Arbei-

ten. Dies war eine ganz bewusste Entscheidung
der Bauherren und der Architekten, um zwischen
Familie und Erwerb einen klaren räumlichen
Trennstrich zu setzen.

Während die beiden Büroräume übereinander
auf der Westseite des Hauses angeordnet sind,
wurden auf der entgegengesetzten Seite im
Erdgeschoss der große Wohnraum, im Obergeschoss Elternschlafzimmer und Kinderzimmer
untergebracht.

Alles in allem: Ein wunderschönes Haus am
Wasser, eingebettet in eine karge Landschaft aus
Wiesen und Wäldern.

Ansicht von Südwesten.

Blick durch den Flur
im Obergeschoß.

Die großen Fenster-
flächen nach Südwesten
lassen insbesondere im
Winter die Sonnenstrah-
len weit ins Hausinnere
dringen.

Links: Die geradlinige Fassadengestaltung erzeugt auch im Inneren faszinierende Raumsituationen.

Unten links: Erdgeschoss mit Treppe. Das gekonnte und kontrollierte Spiel mit den Materialien führt zu einer hohen Qualität der Innenarchitektur.

Unten: Familienfoto mit Kind und Hund.

OBERGESCHOSS

Architekten

Brückner & Brückner Architekten und Ingenieure
Franz-Böhm-Gasse 2
D-95643 Tirschenreuth
Telefon 0 96 31-7 01 50
Fax 09 6 31-70 15 49
mail@architektenbrueckner.de
www.architektenbrueckner.de

Baudaten

Bauzeit: 2000–2001 (12 Monate)
Grundstücksgröße: 1880 m²
Bauweise: Holzfassade hinterlüftete Lärchenholz-schalung-Dämmung-Ziegelmauerwerk; Steinfassade Granit-Dämmung-Ziegelmauerwerk
Energiesparmaßnahmen und ökologische Aspekte:
Optimale Dämmung (Stärke Wand 50 cm)
Dachdeckung: Betondachplatten grau
Bodenbeläge: Lärchenholz-Dielenboden und Granitplatten
Umbauter Raum: 1080 m³
Wohnfläche gesamt (mit Büros): 171 m²
Reine Baukosten je m² Wohnfläche: ca. € 1100,–

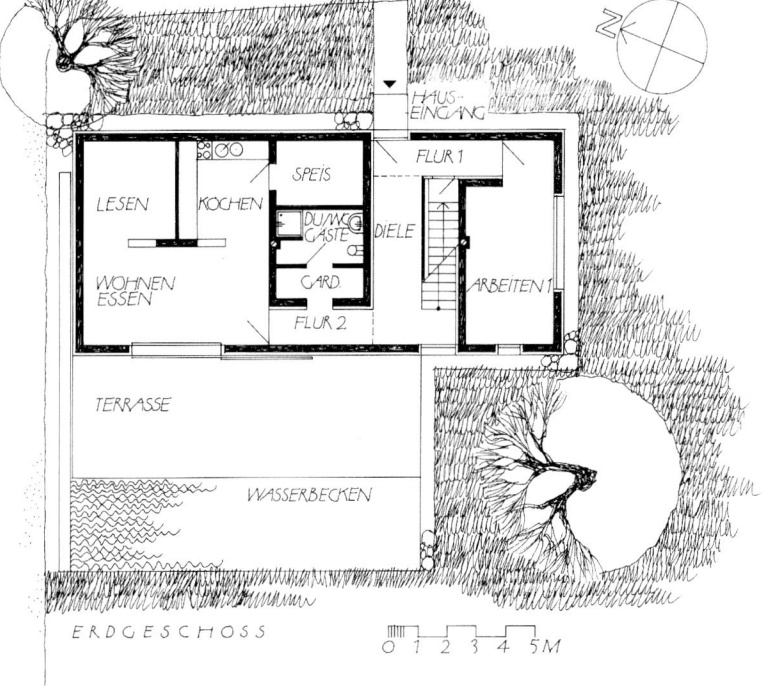

ERDGESCHOSS

0 1 2 3 4 5M

Adressen wichtiger Handwerker

Baumeisterarbeiten mit Natursteinmauerwerk:
Fa. Roth, Bärnau
Zimmererarbeiten mit Lärchenholzverkleidung:
Fa. Fröhlich, Wiesau
Naturwerksteinarbeiten:
Fa. Meissner, Püchersreuth
Schreinerarbeiten:
Fa. Rosenberger, Waldershof

Ein Niedrigenergiehaus
mit hohem Anspruch

Holzhäuser sind ganz im Trend und haben heute den Ruch des „Billighauses" vollständig abgelegt. Sie bieten ein angenehmes Wohnklima, sind perfekte Energiesparer und können fast durchgängig aus nachwachsenden Rohstoffen gefertigt werden. Das heißt nun noch nicht, dass sie immer schön sind; auch ökologisch durchdacht geplante Holzhäuser können ästhetisch oft recht unbefriedigend sein. Das genaue Gegenbild eines ökologisch und energetisch hoch effizienten, dabei aber architektonisch perfekt gelungenen Einfamilienhauses liefert das Projekt des Regensburger Architekten Markus Gierstorfer; im oberpfälzischen Schönhofen gelang ihm ein wirklich großer Wurf.

Bei insgesamt bewusst einfacher Kubatur ohne unnötige Anbauten entsteht durch die überlegte Einteilung der mit Lärchenholz verschalten Fassaden ein rundum überzeugendes Ganzes. Der auf der Ostseite situierte Eingangsbereich ist mit einfachen, aber wirkungsvollen Mitteln betont: Ein in die ansonsten vollständig geschlossene Fassade eingeschobener, völlig schmuckloser Vorbau aus Sichtbeton weist den Weg, ohne sich in den Vordergrund zu drängen.

Energiekonzept und Nutzung der Sonnenenergie

Um das Ziel des kostengünstigen Bauens mit einfachen Mitteln zu erreichen, boten sich insbesondere eine hervorragende Dämmung des Dachs und der Außenwand sowie die passive Nutzung der Solarnergie an. Dazu dient einmal die günstige Ausrichtung des Hauses, die lediglich um 5 Grad von der idealen Ost-West-Orientierung abweicht. Bei der Wahl der Gebäudestellung achtete der Architekt zudem darauf, eine Verschattung durch benachbarte Wohnhäuser zu vermeiden. Die Wahl der Grundrisse korrespondiert mit der der Fenstergrößen; da die Sonneneinstrahlung auf der Nord-, aber auch auf der Ostseite gering, die Wärmeverluste aber groß sind, wurden hier nur die notwendigsten Fassadenauschnitte – für Fenster und Eingangstüre – vorgesehen. Dagegen dominieren nach Süden und Westen große Fensterflächen, um die Wärme der Sonne bestmöglich ausnutzen zu können. Der südseits vor die Fassade gestellte Balkon aus verzinktem Stahl sorgt für die Beschattung der nach Süden ausgerichteten Räume und verhindert so eine sommerliche Überhitzung. Insgesamt wurde mit dem erreichten Heizwärmebedarf (60 KWh/m^{2}a) der geforderte Niedrigenergiestandard um 36 Prozent unterschritten! Die Luftdichtigkeit

der gesamten Konstruktion wurde durch einen Blower-door-Test nachgewiesen.

Eine mit Flüssiggas betriebene Brennwerttherme besorgt die zentrale Heizungs- und Warmwasserversorgung. Für die spätere Montage von Sonnenkollektoren wurden die Anschlüsse bereits bis unters Dach geführt.

Bauteile vorfertigen und Kosten senken

Die mit ca. € 200 000.– trotz der Verwendung hochwertiger Materialien insgesamt sehr niedrigen Gesamt-Baukosten erklären sich daraus, dass das Projekt von Anfang an streng auf Einsparmöglichkeiten überprüft wurde. Eine der Möglichkeiten zur Kosteneinsparung war die Verwendung vorgefertigter Bauteile; so wurden die Holzständerwände in der Werkstatt der Holzbaufirma vorgefertigt und als komplette Bauteile vor Ort montiert. Die Vorfertigungszeit betrug lediglich acht Wochen, die Aufstellzeit sogar nur drei Tage (!!). Hierbei sind die Montage der Fenster und die Dachdeckung bereits inbegriffen. Dadurch konnte die Bauzeit insgesamt auf nur fünf Monate reduziert werden.

Umfunktionierte Fertiggarage statt Keller

Auch bei der Planung der Neben- und Abstellräume spielten Überlegungen zum Senken der

Baukosten und der Verwendung von Fertigbauteilen eine große Rolle. Im Gespräch mit den Bauherren, der Familie Mayer, einigte man sich darauf, komplett auf eine Unterkellerung zu verzichten. Der Hauptgrund dafür war die Tatsache, dass die Herstellung von Kellerräumen im Verhältnis zu ihrem Nutzwert vergleichsweise hohe Kosten verursacht. Stattdessen entschied man sich für die bedeutend günstigere Variante, den benötigten Lager- und Abstellraum in einer „zweckentfremdeten" Fertiggarage zu schaffen, die vom Architekten so umgestaltet wurde, dass sie auch ästhetisch zum Haus passt. Eine Außenwand der Garage dient gleichzeitig als tragende Rückwand für den angefügten Carport.
Ein weiterer Grund für den Verzicht auf den Keller lag darin, dass das zu beheizende Raumvolumen und dadurch der Energiebedarf stark reduziert werden konnten.
Ein Haus mit vielen kreativen Ideen, energiesparend und kostengünstig – was können Bauherren mehr wollen?

Linke Seite: Blick von der Garage zum Hauseingang.

Oben: Viele Fenster auf der Südseite sorgen für rasche Erwärmung und Energiegewinne.

Links: Fassadendetail auf der Südseite des Hauses: Die mit der Zeit auf natürliche Weise vergrauende Lärchenholzverschalung schützt vor Witterungseinflüssen.

Oben: Im Erdgeschoss
trennt nur eine Küchen-
zeile den Koch- vom
Wohn- und Essbereich.
Die Holzbalkendecke
sorgt für wohnliche
Stimmung.

Unten: Im Obergeschoss.

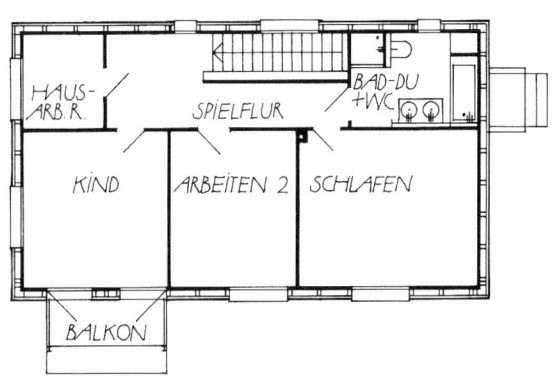

OBERGESCHOSS

Architekt

Markus Gierstorfer
Obermünsterstraße 11
D-93047 Regensburg
Telefon 09 41-56 77 62
Fax 09 41-5 99 98 88
info@markus-gierstorfer.de
www.markus-gierstorfer.de

Baudaten

Bauzeit: 2000 (5 Monate)
Grundstücksgröße: ca. 900 m²
Bauweise: Holzständerbauweise
Energiesparmaßnahmen und ökologische Aspekte:
Optimale Dämmung (Stärke Wand 22 cm, Dach
22 cm); passive Nutzung der Solarenergie durch
Gebäudeausrichtung und Gestaltung der Fassa-
denausschnitte, Verzicht auf Keller; Brennwert-
technik; Einbau von Sonnenkollektoren vorbereitet.
Dachdeckung: Aluminium-Wellblech
Bodenbeläge: Buche-Industrieparkett 23 mm
Umbauter Raum: 586 m³
Wohnfläche gesamt: 146,5 m²
Reine Baukosten je m² Wohnfläche: ca. € 1100.–

Adressen wichtiger Handwerker

Holzbaubetrieb:
Holzbau Münchsmühle
Münchsmühle 1
D-93164 Laaber
Telefon 0 94 98-87 89

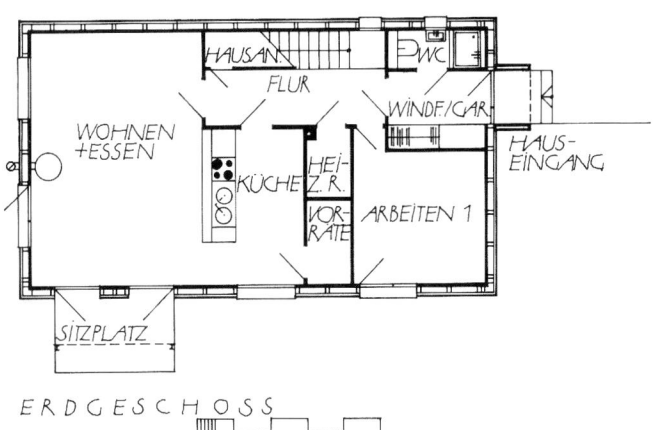

ERDGESCHOSS

0 1 2 3 4 5 METER

Ein Niedrigenergiehaus mit hohem Anspruch 83

Das Familienheim als Kraftwerk

Selten ist der Fall, dass Bauherren von Anfang an ein Passivhaus errichten wollen – ein Wohngebäude, das mehr Energie erzeugt, als von den Bewohnern verbraucht wird. Was also vor einigen Jahren noch als Sensation durch die Presse ging, ist heute fast normale Wohn-Wirklichkeit geworden. Für die Bauherren war es, obgleich noch unter 40, bereits der zweite Hausbau. Nun sollte nicht mehr mit einem Bauträger, sondern mit einem Architekten zusammen ein Haus entstehen, das in puncto Energieeinsparung und Wertstabilität für die nächsten 30 bis 40 Jahre gerüstet sein sollte. Auch eine mehrmalige Verschärfung der Wärmeschutzverordnungen kann diesem Haus somit nichts anhaben.

So funktioniert das Passivhaus

Die erste Voraussetzung für ein Passivhaus ist eine gute Dämmung und eine absolut luftdichte Konstruktion, um die Energie möglichst lange im Hause zu halten. Der Holzständerbau wurde aus Kostengründen teils konventionell, teils mit Zellulosefaser gedämmt. Die Ausrichtung des Gebäudes und die großen Fensterflächen auf der Südseite sind notwendige Voraussetzungen für die passive Nutzung der Sonnenenergie. Die Lüftung mit Wärmerückgewinnung und Erdwärmetauscher sowie der Holzpellets-Kaminofen ergänzen das kleine „Kraftwerk". Die Solarkollektoren auf dem Dach decken den Bedarf an Brauchwasser und für die Nachheizung. Mittlerweile ist auch eine Photovoltaik-Anlage mit einer Leistung von 5 kW installiert, deren Strom zur Zeit ins Netz eingespeist wird, aber auch den Strombedarf des Hauses knapp decken könnte.

Gutes Zusammenspiel zwischen Bauherren und Architekt

Den Kontakt mit ihrem Architekten, Michael Felkner, stellte die Familie Haufler über einen Bauträger her, der ebenfalls Mitglied im Arbeitskreis Passivhaus war. Obgleich die Zusammenarbeit mit einem Architekten zunächst etwas ungewohnt war, ließ man sich doch sehr schnell auf seine Vorschläge ein, die dann mit den Wohnanforderungen der Familie abgestimmt wurden.

Zuhause wohnen und arbeiten

Um möglichst viel Zeit mit der Familie verbringen zu können und sich weite Wege zur Arbeitsstätte zu sparen, wurde zunächst ein – vom übrigen Haus schalldicht abgetrennter – Arbeitsraum für den Familienvater vorgesehen,

Seite 84/85: Die Nordseite des Hauses mit dem Windfang im Eingangsbereich.

Oben: Auf der Südseite dominieren Fensterflächen, die aber auch jederzeit beschattet werden können. Fast die gesamte Dachfläche wurde zur Montage der Solaranlage genutzt.

der als Computerprogrammierer tätig ist. Eine zweite Grundforderung war es, eine ineinander übergehende Raumfolge von Koch- und Essbereich, Spielen und Wohnen zu schaffen; dies wurde durch den vom Architekten vorgeschlagenen Einbau von Schiebetüren umgesetzt. Die einzelnen Räume können somit bei Bedarf sowohl abgetrennt als auch weit geöffnet werden und lassen dann einen sehr offenen, durchgängigen Wohneindruck entstehen.

Viel Platz für die Kinder
Da die Hauflers drei Kinder haben, standen diese bei der Raumplanung im Mittelpunkt; die drei

Kinderzimmer im Dachgeschoss besitzen jeweils eine zugehörige Spielgalerie, was durch die großen Raumhöhen problemlos möglich war. So konnte der Luftraum unter dem Dach perfekt ausgenutzt werden. Später können die Galerien auch einmal als Schlafzimmer dienen. Zusätzlich steht im Treppenhaus ein großer Spielflur zur Verfügung, der von den Dreien gemeinsam intensiv genutzt wird. Auch hier befindet sich unter dem Dach eine zusätzliche Galerie, auf der bei Gelegenheit auch Gäste untergebracht werden können.

Rechts: Im Obergeschoß:
Viel Raum zum Spielen
und wunderbare Belich-
tung.

Rechts: Die filigranen
Rundstäbe aus Stahl
sichern die Treppe zum
Obergeschoss und erhal-
ten gleichzeitig das von
Durchgängigkeit gepräg-
te Raumgefühl.

Architekt

Michael Felkner
Niedersonthofener Straße 8
D-87448 Martinszell-Oberdorf
Telefon 0 83 79-74 68
Fax 0 83 79-71 21
info@architekt-felkner.de
www.architekt-felkner.de

Baudaten

Bauzeit: 2000–2001 (7 Monate)
Grundstücksgröße: ca. 650 m²
Bauweise: Holzständerbau
Energiesparmaßnahmen und ökologische Aspekte:
Optimale Dämmung (konventionell/Zellulosefaser);
Sonnenkollektoren auf dem Dach für Brauch-
wasser und Nachheizung; Lüftung mit Wärme-
rückgewinnung und Erdwärmetauscher; Holz-
pellets-Kaminofen; Fassaden aus unbehandeltem
Lärchenholz; alle Baustoffe recyclebar
Dachdeckung: Ziegeldachplatten rot (Natur)
Bodenbeläge: Ahornparkett gewachst
Umbauter Raum: 1030 m³
Wohnfläche gesamt (incl. Büro):   198 m²
Reine Baukosten je m² Wohnfläche: ca. € 2000,–

Oben: Hell und sachlich,
dabei aber sehr wohnlich
wie das gesamte Haus,
präsentiert sich auch die
Küche.

Links: Blick vom Wohn-
zum Essbereich. Vor dem
Fenster die holzgedeckte
Terrasse.

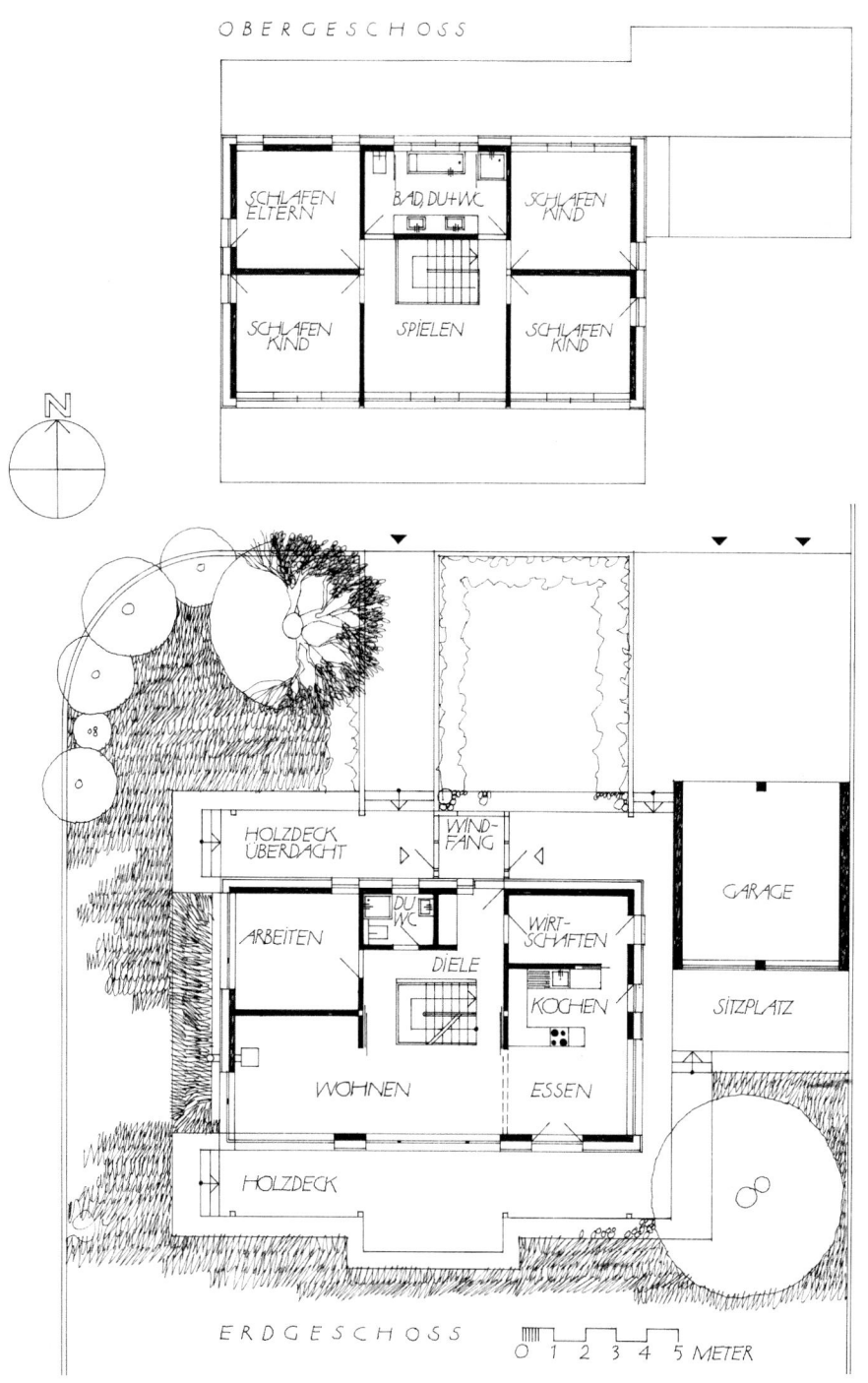

OBERGESCHOSS

SCHLAFEN ELTERN

BAD, DU+WC

SCHLAFEN KIND

SCHLAFEN KIND

SPIELEN

SCHLAFEN KIND

N

HOLZDECK ÜBERDACHT

WIND-FANG

ARBEITEN

DU WC

GARAGE

WIRT-SCHAFTEN

DIELE

KOCHEN

SITZPLATZ

WOHNEN

ESSEN

HOLZDECK

ERDGESCHOSS

0 1 2 3 4 5 METER

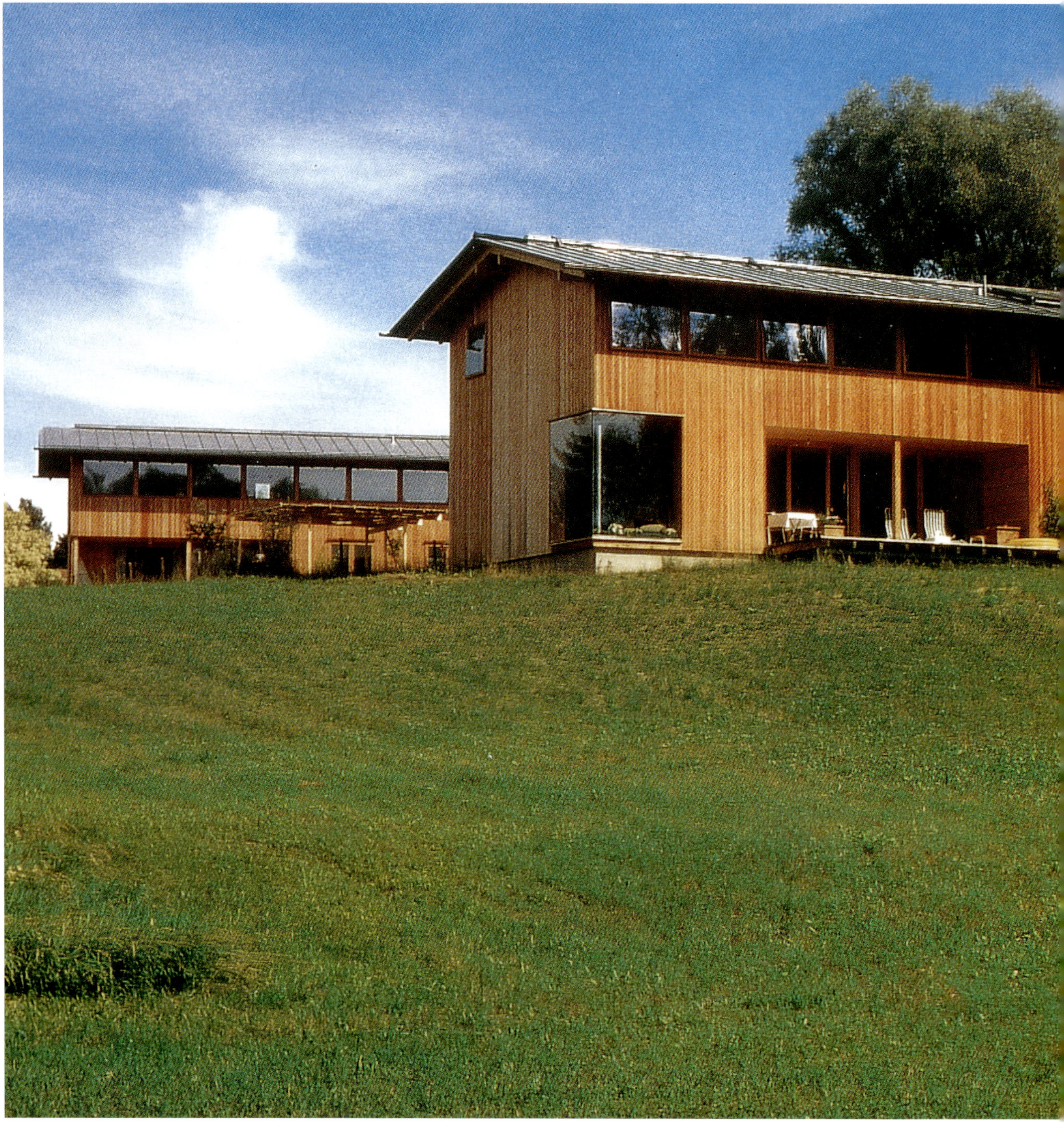

Kosten sparen durch gemeinsames Bauen

Viele junge Bauherren stehen zu Beginn der Hausbaupläne vor der Frage, wie man ein Traumhaus mit tollem Raumgefühl errichten und dabei trotzdem Kosten sparen kann. Eine der möglichen Lösungen besteht darin, sich mit Freunden oder Bekannten zusammenzutun und gemeinsam zu bauen. Dafür entschieden sich auch die Familien Kemper und Gemeinhardt, die 1997 miteinander zwei benachbarte Grundstücke im niederbayerischen Vornbach/Inn erwarben, um sie gemeinsam zu bebauen.

Mit guter Planung gemeinsam Kosten sparen

Das Konzept für die Häuser der beiden Familien sah vor, in jedem Stadium der Planung und Bauausführung den Aspekt der Kostenreduzierung mit der Wahrung hoher Architektur- und Bauqualität zu verbinden. Das begann schon mit dem Erwerb des Grundstücks; durch den gemeinsamen Erwerb der idyllisch gelegenen Parzellen fiel die finanzielle Belastung für die einzelne Familie deutlich geringer aus.

Die Anordnung der Wohnhäuser zueinander bildet zusammen mit dem längs der östlichen Grundstücksgrenze postierten Nebengebäude einen großzügigen Innenhof. Der Innenhof ist sinnvollerweise nach Südwesten, zur freien Feldflur hin geöffnet. Dies ermöglicht in Zusammenhang mit der räumlichen Stellung der Wohnhäuser eine optimale Belichtung der Räume und die bestmögliche Ausnützung der Sonnenwärme, eröffnet aber auch einen wunderbaren Blick auf die Innauen.

Im Nebengebäude sind unter einem gemeinsamen Dach Nebenräume für beide Wohnhäuser sowie je ein Carport entstanden.

Preisgünstig bauen durch gleiche Bauteile

Die beiden Wohnhäuser, die sich an den traditionellen Hausformen im Dorf orientieren, sind architektonisch individuell gestaltet und weisen unterschiedliche, auf die jeweiligen Bedürfnisse abgestimmte Grundrisse auf, besitzen aber auch eine Reihe gemeinsamer Elemente, die zur Kostenersparnis beitrugen. So besitzen beide Häuser einheitliche Tür- und Fenstergrößen, Verschalung, Dachkonstruktion und Dachdeckung, was aber dank des architektonischen Einfallsreichtums nicht zur Uniformität führt. Die beiden Einfamilienhäuser sind vielmehr deutlich als individuelle Baukörper zu identifizieren.

Ein Architekt als Mit-Bauherr

Das Bauvorhaben war ein Gemeinschaftsprojekt des Vornbacher Architekturbüros Wenzl + Huber und des Architekten Peter Kemper, der zeitweise im Büro als freier Mitarbeiter tätig ist. So bot sich die Möglichkeit, sich mit dem Bauvorhaben intensiv zu beschäftigen und die Idee des gemeinsamen Wohnens am Beispiel des realisierten Wohnhof-Modells praktisch umzusetzen. Es sollte eben nicht beim gemeinsamen Bauen bleiben, sondern auch das gemeinsame Wohnen betont werden. Auch unter diesem Aspekt ist die Planung sehr außergewöhnlich, denn viele Bau- und Wohnmodelle unter dem Motto „Gemeinsam bauen" lassen doch eine logische räumliche Zuordnung vermissen, die in diesem Fall mustergültig gelungen ist.

Klarheit beim Raumprogramm

Bei aller gewahrten Individualität befinden sich in beiden Häusern die Wohn-, Ess- und Kochbe- reiche im Erdgeschoss, die Individualräume einschließlich der Elternschlafzimmer, Kinderzimmer, Bäder, Arbeitszimmer und Gästezimmer aber im Obergeschoss. Dadurch wird eine offenere, weitgehend barrierefreie Gestaltung des Erdgeschosses möglich. Das Erdgeschoss gewinnt in beiden Fällen noch dadurch an Wohnwert, dass die Aufenthaltsfläche mittels holzgedeckter Terrassen optisch in den Garten hinein verlängert wird.

Wiederum unter dem Kostenaspekt wurde auf eine vollständige Unterkellerung verzichtet; dies war ohne Verlust an Lagerfläche möglich, da im gemeinsamen Nebengebäude zusätzlicher Stauraum zur Verfügung steht.

Energie sparen und ökologisch bauen

Die konsequente Ausrichtung der Gebäude nach Süden ermöglicht die optimale Ausnutzung der Sonneneinstrahlung. Der Dachüberstand wurde so gewählt, dass die in der Winterzeit flacher eintreffenden Sonnenstrahlen die Räume erwärmen

können, während das Dach dann im Sommer Schutz vor übermäßiger Erwärmung bietet. Große Fensteröffnungen nach Süden und Westen stehen kleinstmöglichen Fassadenausschnitten auf der Nordseite gegenüber, um die Wärmeverluste so gering wie möglich zu halten. Zusammen mit der optimalen Dämmung der Außenwände, die im Haus Kemper ausschließlich mit natürlichen Materialien – Zellulose, Baumwolle und Kork – erfolgte, konnte ein sehr guter Niedrigenergiestandard erreicht werden (38 Prozent unter den Forderungen der Wärmeschutzverordnung).

Bei all diesen Vorzügen wird klar, dass die Häuser nicht nur gut aussehen und ein intaktes Umfeld mit unmittelbarem Bezug zur unberührten Natur, sondern auch ein perfektes Wohnerlebnis für Eltern wie auch Kinder bieten. Der große gemeinsame Gartenhof dient als Spielplatz und als Bereich für Begegnungen und Feste.

Linke Seite oben und S. 93 oben: Während die Häuser im Norden nur wenige Fassadenöffnungen aufweisen (im Bild links das Haus Kemper mit zusätzlichem Eingangsvorbau als Klimapuffer), öffnen sie sich mit der Südseite zur Sonne (rechts das Haus Gemeinhardt).

Linke Seite unten: Das Haus Gemeinhardt von Westen.

Rechts: Terrasse beim Haus Kemper.

Oben und unten: In
beiden Häusern finden
sich geradlinige, aber
sehr einladend gestal-
tete Essbereiche.

Architekten

Planung Haus Gemeinhardt:
Wenzl + Huber Architekten
Mitarbeit: Peter Kemper
Maria am Sand 7
D-94152 Vornbach / Inn
Telefon 0 85 03-9 34 30
Fax 0 85 03-93 43 20
info@wenzl-huber.de
www.wenzl-huber.de

Planung Haus Kemper:
Peter Kemper
Dr.-Duisberg-Straße 11
D-94152 Vornbach / Inn
Telefon 0 85 03-82 43
Fax 0 85 03-9 201 29
kemper.vornbach@t-online.de

Baudaten

Bauzeit: Haus Gemeinhardt 1998,
Haus Kemper 1998–1999

Grundstücksgröße: je ca. 870 m²

Bauweise: Holzrahmenbauweise (Außenschalung
aus Lärche, Fassadenbahn, Lattung / Konterlattung,
latexbeschichtete Weichfaserplatte, gedämmte
Holzständerkonstruktion, OSB-Platten, Dampf-
bremspappe, Lattung mit Dämmung / Installations-
ebene, Gipskartonplatten) mit Teilunterkellerung

Dachdeckung: Titanzinkblech

Energiesparmaßnahmen und ökologische Aspekte:
Niedrigenergiehausstandard durch optimale Ausrichtung der Gebäude, angepasste Fensterflächen,
optimale Dämmung (Wand 20 cm, Dach 24 cm);
rein konstruktiver Holzschutz der Fassade; Gas-
Zentralheizung; Solar- und Regenwassernutzung
vorbereitet.

Bodenbeläge: EG und OG Holz und Linoleum

Umbauter Raum (BRI): Haus Gemeinhardt 1087 m³,
Haus Kemper 950 m³

Wohnfläche gesamt: Haus Kemper 200 m²,
Haus Gemeinhardt 186 m²

Reine Baukosten je m² Wohnfläche:
ca. € 1450.– brutto

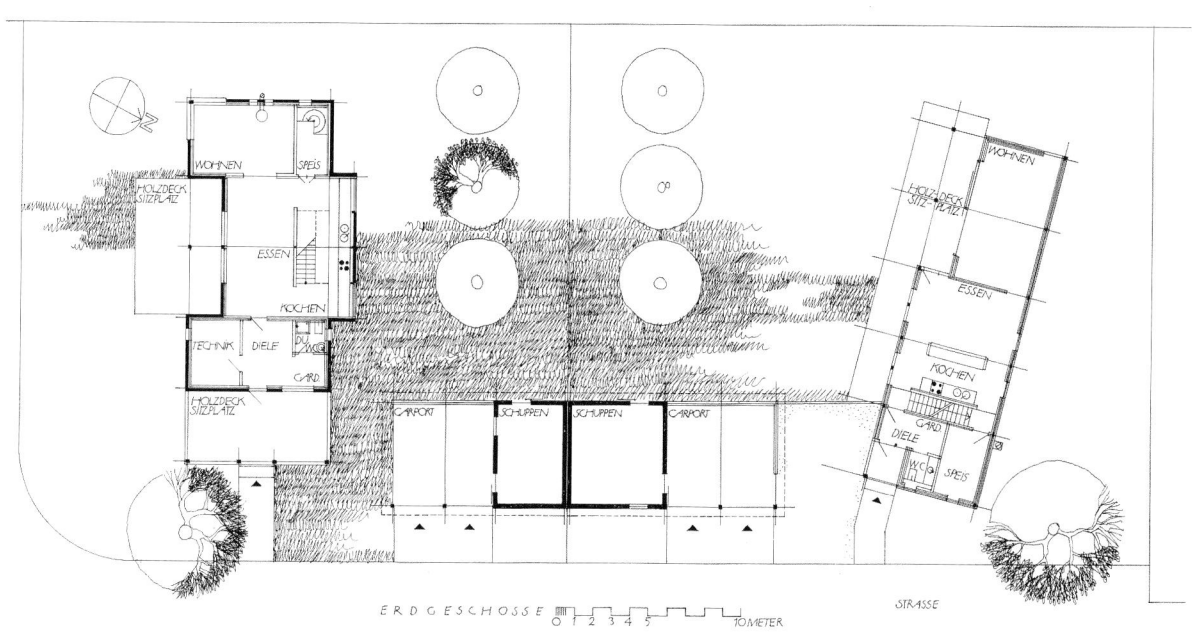

WOHNEN SPEIS
HOLZDECK SITZPLATZ
ESSEN
KOCHEN
TECHNIK DIELE
GARD.
HOLZDECK SITZPLATZ
CARPORT SCHUPPEN SCHUPPEN CARPORT

WOHNEN
HOLZDECK SITZPLATZ
ESSEN
KOCHEN
GARD.
DIELE
WC SPEIS

ERDGESCHOSSE 0 1 2 3 4 5 10 METER

STRASSE

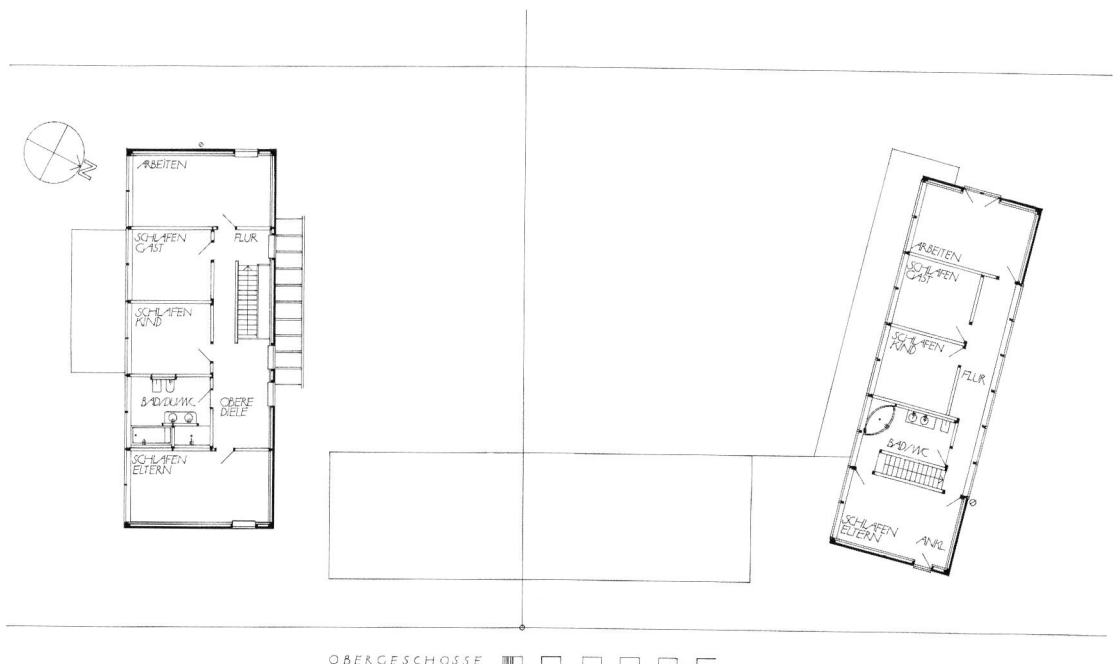

ARBEITEN
SCHLAFEN GAST FLUR
SCHLAFEN KIND
BAD/WC/MC OBERE DIELE
SCHLAFEN ELTERN

ARBEITEN
SCHLAFEN GAST
SCHLAFEN KIND FLUR
BAD/WC
SCHLAFEN ELTERN ANKL.

OBERGESCHOSSE 0 1 2 3 4 5 10 METER

Kosten sparen durch gemeinsames Bauen   95

Ein Boot aus Stein

Das Beispiel dieses Hauses in Heiden/Westfalen variiert ebenso wie das auf den vorhergehenden Seiten beschriebene Projekt das Thema „Gemeinsam bauen und wohnen". Im Unterschied zu diesem geht es hier allerdings nicht um zwei einander räumlich zugeordnete Einfamilienhäuser, sondern ein gestalterisch ungewöhnliches Dreifamilienhaus, das allerdings viele von einem Einfamilienhaus erwartete und erwünschte Eigenschaften aufweist.

Zu der „Einfamilienhaus-typischen" Erbmasse des Gebäudes gehört unter anderem das Erschließungskonzept; jede Wohneinheit besitzt einen eigenen, großzügigen und offenen Erschließungsbereich, der sich räumlich verbindend über beide Hauptwohnebenen erstreckt. In Entsprechung zu den Wünschen der meisten Bauherren liegt der Eingang auf der – in diesem Fall westlichen – Straßenseite, während der Garten nach Süden orientiert ist. Somit besitzt jede Wohneinheit auch eine Südseite mit eigenem Gartenanteil.

Leben mit südlicher Sonne: Grundrisse und Wohnkonzept

Die Wohnungsgrundrisse besitzen wechselnde Raumtiefen und reagieren damit auf die unterschiedliche städtebauliche Lage der drei Wohneinheiten. Der boots- oder linsenförmige Grundriss ist im Inneren durch Wandscheiben in Raumzonen gegliedert; außen setzt sich dieses Prinzip der Wandscheiben in der Gestaltung des Gartens fort. Die meisten Schlafräume sind zur Gartenseite, die Kinderzimmer nach Süden oder Osten hin orientiert. Um möglichst viel Sonnenlicht und Sonnenwärme in die Wohnräume holen zu können, wurde das Haus bewusst nach dem Verlauf der Sonne ausgerichtet, wodurch das Wohngefühl sehr angenehm beeinflusst wird.

Das Architekturkonzept: Ein Boot in der Natur

Auch ansonsten sucht das Gebäude ganz bewusst den Kontakt zur Landschaft; die unmittelbare Nähe zu den angrenzenden Feldern legte es nahe, die Situation Gebäude – Natur in besonderer Weise zu interpretieren. Das Bild vom Boot inmitten des Wassers wird damit umgedeutet und gestalterisch höchst interessant umgesetzt. Das „Boot" wurde von den Architekten als Bauwerk verstanden, das in der Landschaft steht und sich in dieser behaupten muss. Daher griff man bei der Wahl des Baumaterials auf Torfbrandklinker zurück, der eine besonders plastische, harte Oberflächenstruktur erzeugt, eine gewisse Mächtigkeit ausstrahlt und damit den Selbstbehauptungswillen des Bauwerks gegenüber der Natur versinnbildlicht.

Oben und links: Klinker-
fassade und Fenster-
flächen im perfekten
Zusammenspiel.

Oben und rechts:
Auch das gemeinsame
Treppenhaus bietet
Raumerlebnisse der
ganz besonderen Art.

Sorgsam gewähltes
und sparsam platziertes
Mobiliar, wie hier ein
Le-Corbusier-Sessel,
unterstreicht die Wir-
kung der Innenräume.

Architekten
Thesing & Thesing
Sabine und Manuel Thesing
Buchenstraße 4
D-46359 Heiden / Westfalen
Telefon 0 28 67-9 55 07
Fax 0 28 67-9 55 08
arch.thesing@t-online.de

Baudaten
Bauzeit: 1996 (12 Monate)
Grundstücksgröße: 969 m²
Bauweise: Zweischaliges Ziegelmauerwerk,
außenliegende Wärmedämmung mit Wetterhaut
aus Klinker
Energiesparmaßnahmen: Optimale Dämmung
(Stärke Wand 12 cm, Dach 22 cm)
Dachaufbau / Dachdeckung: Betondachstein
anthrazitfarben
Bodenbeläge: Parkett, Naturstein
Umbauter Raum: 1 510 m³
Wohnfläche gesamt: 326 m²
Reine Baukosten je m² Wohnfläche: € 1200.–

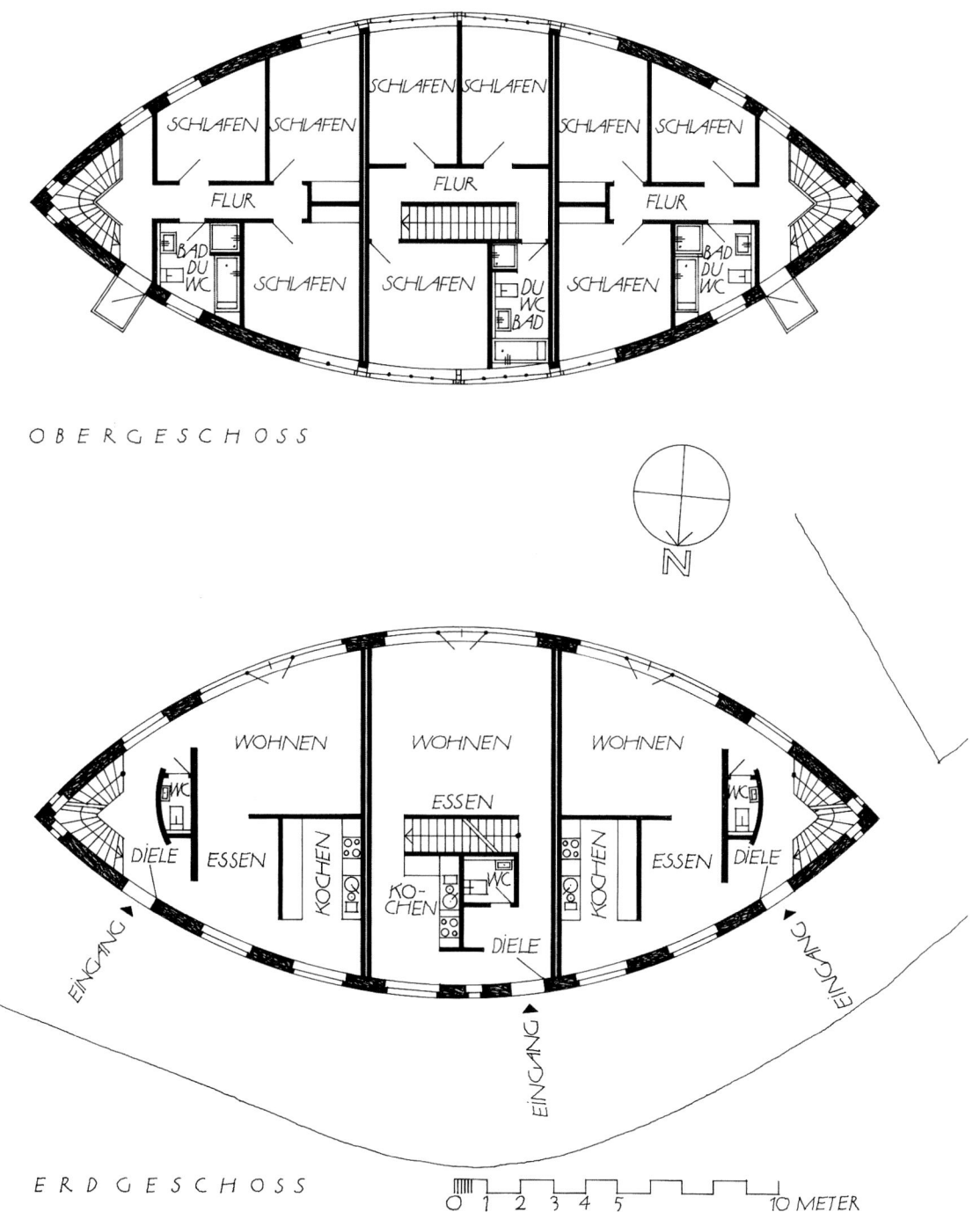

OBERGESCHOSS

SCHLAFEN SCHLAFEN SCHLAFEN SCHLAFEN SCHLAFEN SCHLAFEN

FLUR FLUR FLUR

BAD DU WC

SCHLAFEN SCHLAFEN DU WC BAD SCHLAFEN BAD DU WC

N

WOHNEN WOHNEN WOHNEN

WC ESSEN WC

DIELE KOCHEN KO-CHEN KOCHEN DIELE

ESSEN WC ESSEN

DIELE

EINGANG EINGANG EINGANG

ERDGESCHOSS

0 1 2 3 4 5 10 METER

Häuser vor Berglandschaft

Zwei junge Familien um die 30 fassten den Entschluss, in der Dorfgemeinde Ried-Brig im schweizerischen Wallis gemeinsam zu bauen. Das als Standort genutzte Siedlungsgebiet befindet sich außerhalb des alten Dorfkerns. Aufgrund der lockeren, an traditionelle Streusiedlungen erinnernden Anordnung der Häuser und Grundstücke entsteht nicht der Eindruck einer landschaftsfressenden Siedlung, sondern die Häuser fügen sich im Gegenteil sehr zurückhaltend und harmonisch in die Landschaft ein. Obgleich die Häuser vom Tal her gesehen recht hoch erscheinen, wirken sie nicht wie Fremdkörper. Dazu tragen vor allem die geschlossene kubische Form und der einfache weiße Anstrich bei.

Die beiden Einfamlienhäuser entstanden fast zeitgleich und wurden vom gleichen Architekten geplant. Matthias Albrecht vom Büro Bürcher und Albrecht löste diese Doppelaufgabe mit Geschick. Ziel der Planung war es nicht zuletzt, in die bis dato etwas orientierungslose Siedlungstruktur ein neues bauliches Ordnungssystem einzubringen.

Zusammenspiel und Abgrenzung

Einheitliche Raumvolumen, Gebäudeproportionen und teils gleich dimensionierte Fassadenöffnungen schaffen Einheitlichkeit. In der Grundanlage ähnlich, unterscheiden sich die Gebäude doch durch sorgsam herausgearbeitete Details. Wo das eine Gebäude vom Erdgeschoss aus mit einer breiten Fensterfront ins Tal blickt, wird die talseitige Fassade des anderen durch drei gleichsam abgetreppt erscheinende Fensteröffnungen unterschiedlicher Größe variiert und nuanciert. Zudem grenzen sich die beiden Häuser durch ihre entgegengesetzte Ausrichtung gestalterisch voneinander ab, wodurch wiederum spannungsvolle Raumbezüge geschaffen werden. Diese räumliche Anordnung dient gleichzeitig auch der Lärmabschottung zur nahe gelegenen Simplonstraße.

Drinnen und Draußen als Spiegelbilder

Die Fensteröffnungen der beiden Häusern stellen sich als Spiegelbilder der Raumfunktionen dar. Auf den Hauptwohnseiten geben sie den Blick auf das Rhônetal frei und erlauben eine panoramaartige Sicht auf das Aletschgebirge.

Oben und links: Die beiden gleichzeitig geplanten und entstandenen Häuser ähneln weißen Kuben.

Die große Fensterfront
im Erdgeschoss wirkt
wie ein ständig wech-
selndes Panoramabild
der Berglandschaft.

Die Raumorganisation

Bei beiden Häusern hat das Untergeschoss die
Funktion des Eingangsgeschosses mit Arbeits-
und Abstellräumen sowie dem Zugang zur
Garage. Im Erdgeschoss dominieren die offenen,
ineinander übergehenden Wohn-, Koch- und Essbereiche, von denen ein direkter Zugang zum
Sitzplatz im Freien besteht. Diese Terrasse befindet sich auf dem Dach der Garage. Im Obergeschoss sind das Elternschlafzimmer, die beiden
Kinderzimmer und die jeweils räumlich klar zu-
geordneten Bäder untergebracht.

Oben und Seite 107:
Wohnbereich und Ess-
platz gehen ohne tren-
nende Barrieren inein-
ander über.

Links: Im Obergeschoss.

Oben: Blick ins Schlaf-
zimmer und ins Bad.
Die verschiedenen Nut-
zungsbereiche werden
durch unterschiedliche
Bodenbeläge voneinan-
der abgegrenzt.

Unten: Familie Zurwerra
im Wohnzimmer.

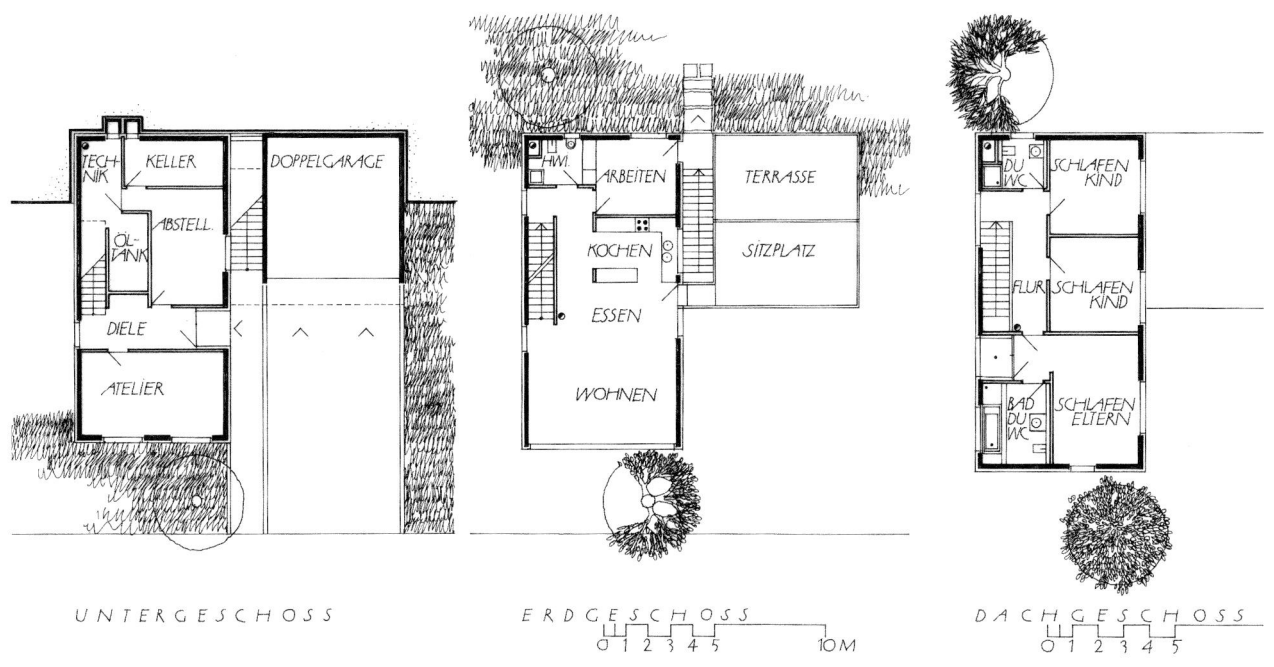

UNTERGESCHOSS

ERDGESCHOSS 0 1 2 3 4 5 10M

DACHGESCHOSS 0 1 2 3 4 5

Architekt

Matthias Albrecht
Architekturbüro Bürcher und Albrecht
Bahnhofstraße 5
CH-3900 Brig
Telefon 00 41-27-9 22 29 80
Fax 00 41-27-9 22 29 81
b-a-architekten@rhone.ch
www.b-a-architekten.ch

Baudaten

Haus Zurwerra
Bauzeit: 1999–2000 (11 Monate)
Grundstücksgröße: Je 650 m^2
Bauweise: Ziegel-Massivbauweise
Bodenbeläge: Parkett und Schiefer
Umbauter Raum: 950 m^3
Wohnfläche gesamt: ca. 225 m^2
Reine Baukosten je m^2 Wohnfläche:
ca. 2200.– sFr

Architektur als Wagnis

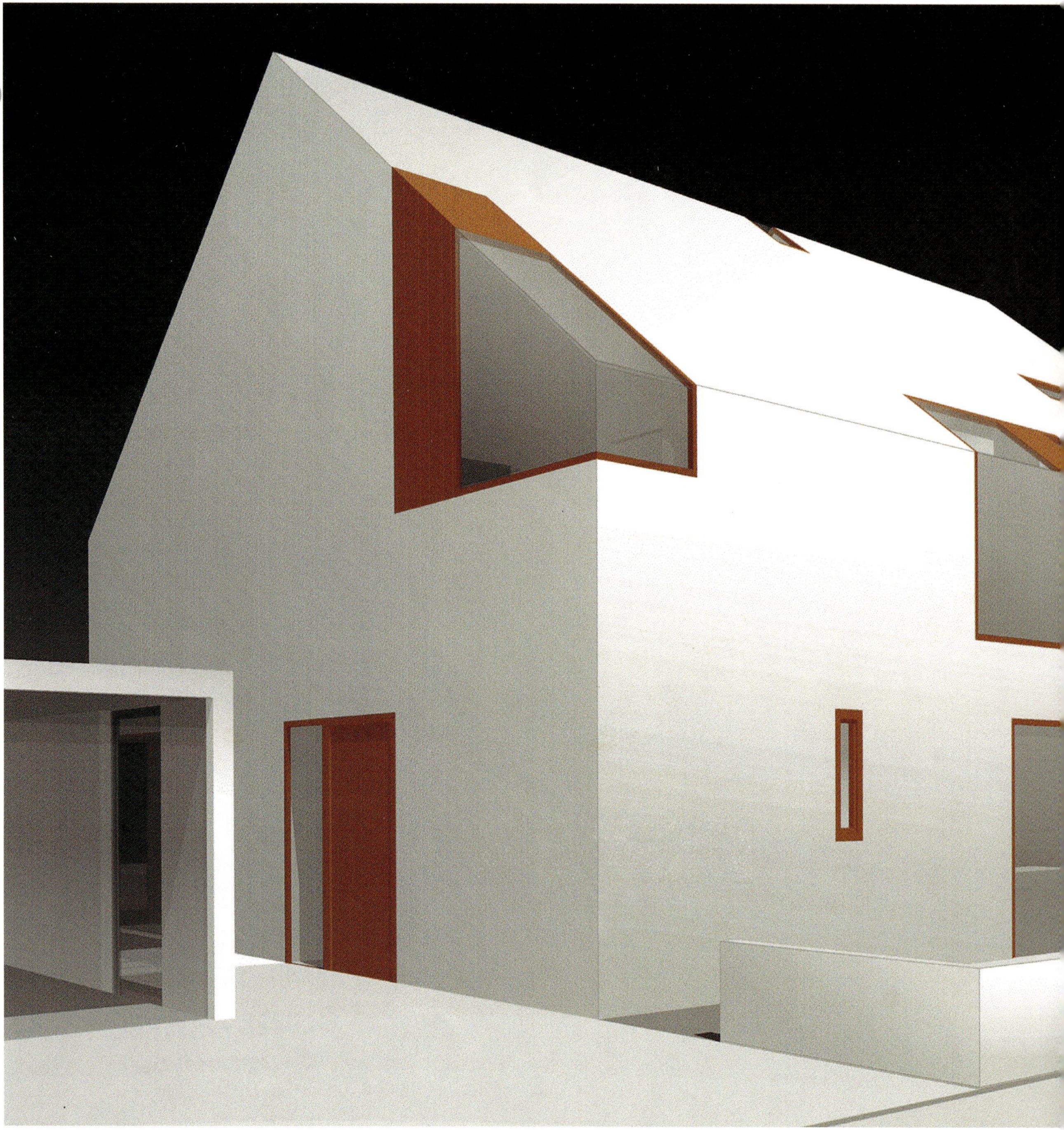

Ein Haus von morgen

Spitzdächer werden in vielen Bebauungsplänen gefordert, gleichzeitig aber auch von vielen Bauherren klar gegenüber anderen Dachformen favorisiert. Dass man aus der Vorgabe eines Spitzdach- oder Satteldachhauses etwas völlig neues machen kann, haben die Familie Liedl und ihr Architekt Titus Bernhard eindrucksvoll bewiesen. Das großzügig dimensionierte Einfamilienhaus grenzt sich optisch derart eindeutig von den in der Umgebung vorhandenen Satteldachhäusern ab, dass es mit Sicherheit regional und überregional lange für Gesprächsstoff sorgen wird. Dieses Haus-Wagnis ist der beste Beleg dafür, wie weit junge Bauherren mit einem engagierten Architekten zu gehen bereit sind...

Das Haus als Archetyp

Am Anfang der Planung stand die Aufgabe, die Möglichkeiten eines durchschnittlichen rechtsgültigen Bebauungsplans neu zu interpretieren. Dies sollte durch die extreme Reduktion der gestalterischen Mittel erreicht werden. Das bedeutete aber natürlich auch, sich von der klassischen Gestalt eines Satteldachhauses zu verabschieden. Sowohl in der Anordnung der Fassadenauschnitte, also der Türen und Fenster, als auch hinsichtlich der Dachüberstände beschritt man völliges Neuland. Die Fensterelemente aus Mahagoni-Holz wurden frei und skulptural angeordnet, sie „überschreiten" traditionelle Grenzen wie Gebäudeecken, Traufe und First und betonen somit noch einmal den Charakter der Gesamtskulptur. Zudem wurden die Fenster bündig mit dem Außenputz gesetzt. Die Oberflächen, also insbesondere von Wänden und Dach, sollten möglichst einheitlichen Charakter zeigen, was durch grauen Putz einerseits und ein Edelstahldach andererseits erreicht wurde. Dachüberstände fielen gänzlich weg.

Planerische und handwerkliche Genauigkeit als Voraussetzung

Die gestalterischen Besonderheiten dieses Hauses wirkten sich nachhaltig auf die Bauausführung aus. Wo Handwerker sonst – sowohl auf der Giebel- als auch auf der Traufseite – gerne riesige, völlig überdimensionierte Dachüberstände vorsehen, um „auf Nummer sicher zu gehen", war hier größte Genauigkeit und Präzision gefragt, um das Eindringen von Feuchtigkeit zu verhindern. Die gewissenhafte Bauüberwachung durch den Architekten und die ebenso sorgfältige Auswahl der Handwerksbetriebe ermöglichten letztlich erst die Umsetzung des architektonischen Konzepts.

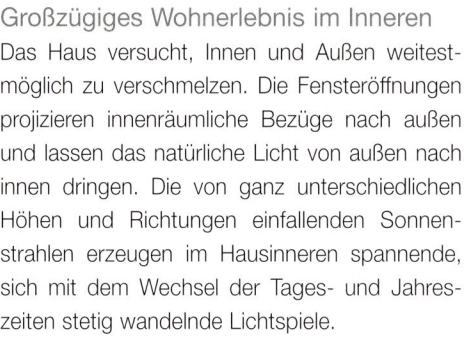

Seite 110/111: Dem fertigen Zustand entsprechende Computeranimation des Hauses (Ansicht von Westen).

Links: Wundervolles Raumerlebnis im Obergeschoß. Links die Türe zum Schlaf- und Ankleidezimmer.

Unten: Im Bad: Das geradlinig designte Waschbecken ist an einer sonderangefertigten „Beton-Skulptur" montiert.

Großzügiges Wohnerlebnis im Inneren

Das Haus versucht, Innen und Außen weitestmöglich zu verschmelzen. Die Fensteröffnungen projizieren innenräumliche Bezüge nach außen und lassen das natürliche Licht von außen nach innen dringen. Die von ganz unterschiedlichen Höhen und Richtungen einfallenden Sonnenstrahlen erzeugen im Hausinneren spannende, sich mit dem Wechsel der Tages- und Jahreszeiten stetig wandelnde Lichtspiele.

Mittelpunkt des Wohnerlebnisses ist das Erdgeschoss mit dem ineinander übergehenden Wohn- und Essbereich, dem wiederum die schräg gegenüber positionierte, nicht durch Türen abgetrennte Küche zugeordnet ist. Der nach Südwesten orientierte Wohnbereich hat direkten Zugang zum Garten, ein großes Holzdeck bietet zusätzlichen Aufenthaltsraum im Freien. Der offene Grundriss des Erdgeschosses wird nur durch wenige notwendige Trennwände durchbrochen. So ist der Eingangs- und Treppenbereich vom Wohnzimmer abgetrennt, auf der Nordseite entstand ein separates Arbeitszimmer.

Eigene „Reiche" für Groß und Klein

Das Obergeschoss ist dem Elternschlafzimmer mit Ankleide und den beiden Kinderzimmern vorbehalten; sowohl die Eltern als auch die Kinder haben ihr eigenes Bad bekommen, damit sich der morgendliche Stau und Stress in Grenzen hält. Auch hier sorgt die durchdachte Raumplanung für die sinnvolle und notwendige räumliche Trennung der Lebensbereiche.

Oben: Faszinierende
Raumwirkung: Blick
vom Obergeschoss
in den Wohnraum.

Links: Kamin mit
steinerner Sitzbank
und Starck-Sessel
im Wohnraum.

Links: Blick vom Wohn-
raum zum Obergeschoss.
Die ungewöhnlichen, hier
über den Dachfirst lau-
fenden Fensterflächen
sind gut zu erkennen.

Links unten: Große
Raumhöhen machen
den Aufenthalt im Wohn-
bereich zum besonderen
Erlebnis.

Architekt

Titus Bernhard
Bahnstraße 18
D-86199 Augsburg
Telefon 08 21-99 57 41
Fax 08 21-99 57 42
E-Mail: bernarch@compuserve.com
www. titusbernhardarchitekten.com (ab Mai 2002)

Adressen wichtiger Handwerker (mit Straße, PLZ/Ort, Tel./Fax etc.):

(siehe Projekt Seite 44–51)

Baudaten

Bauzeit:	2000–2001 (9 Monate)
Grundstücksgröße:	800 m²
Bauweise:	Massivbauweise / Hochloch-Ziegel-mauern und Stahlbeton; alle Innenwände weiß verputzt
Fenster:	Sipo-Mahagoni, zweifach lasiert
Beläge:	Erdgeschoss Schiefer, Obergeschoss Linoleum

Energiesparmaßnahmen und ökologische Aspekte:
Holz-Pellets-Heizung; Solarkollektoren zur
Warmwasseraufbereitung

Umbauter Raum:	ca. 860 m³
Wohnfläche gesamt:	178 m²
Reine Baukosten je m² Wohnfläche:	ca. € 1800.–

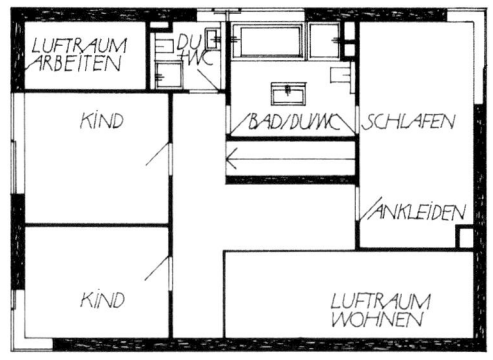

LUFTRAUM ARBEITEN

DU

WC

KIND

BAD/DU/WC

SCHLAFEN

ANKLEIDEN

KIND

LUFTRAUM WOHNEN

O B E R G E S C H O S S

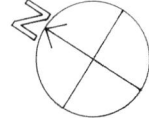

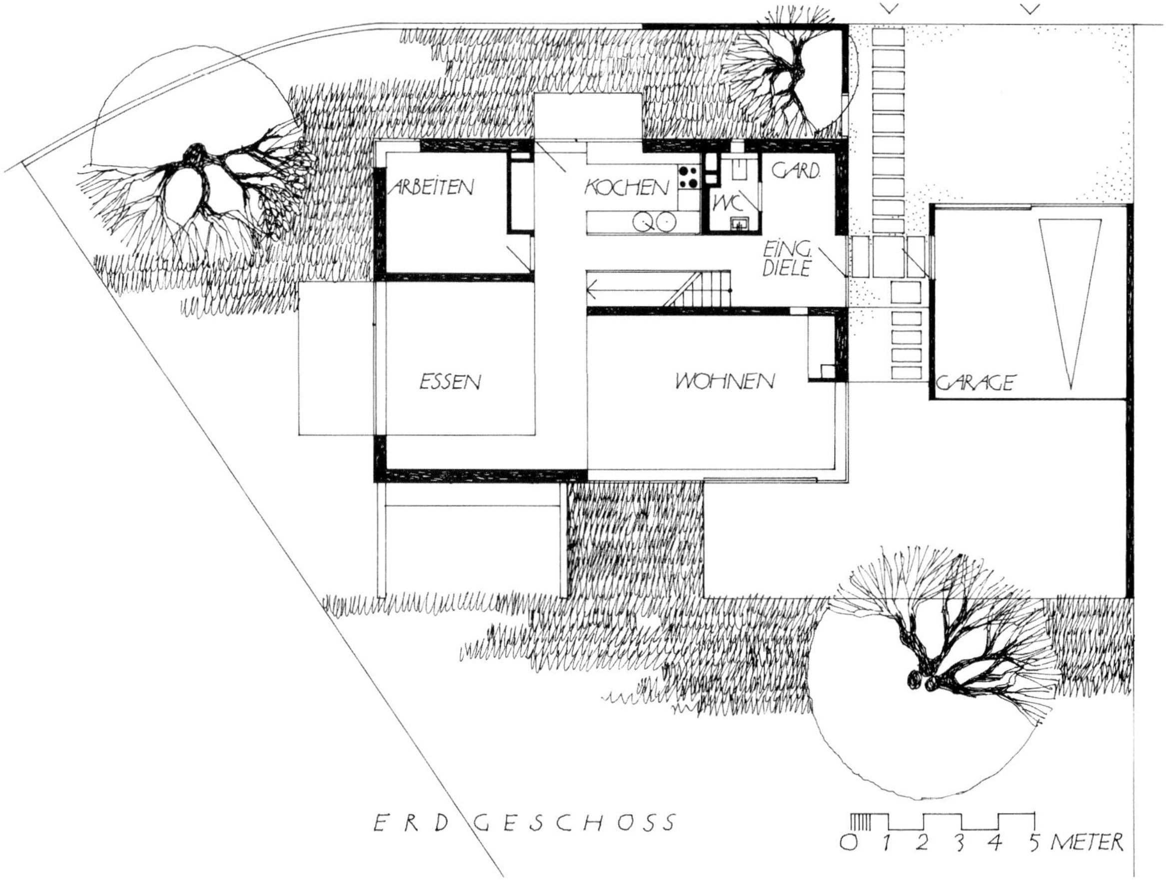

ARBEITEN

KOCHEN

GARD.

WC

EING. DIELE

ESSEN

WOHNEN

GARAGE

E R D G E S C H O S S

0 1 2 3 4 5 METER

Ein unbekanntes Architektur-Objekt
auf kleinem Raum

Wien ist bekanntlich Schauplatz mancher Skurrilitäten, Individualismen, aber auch vieler kreativer Neuerungen. Dies gilt nicht zuletzt für den Bereich der Architektur. Auch wenn der Kenner hier im Allgemeinen vielleicht eher Großbauten zu nennen weiß, so sind es doch gerade die kleineren Wagnisse, die die Gestaltung der Wohnbauarchitektur ein Stück weiter bringen und die Sehgewohnheiten aus ihrem Dämmerschlaf erlösen.

Eines dieser Werke ist das *Einfamilienhaus in spe* des Wiener Architekturbüros pool. Der Name des Hauses spielt zunächst darauf an, dass die Bewohner mit Familienerweiterung, sprich Kinderwunsch, planen, könnte aber auch darauf hindeuten, dass die Architektur des Gebäudes bewusst als Entwurf für die Zukunft gedacht und geplant ist.

Lage des Gebäudes und Erschließungssituation

Das nur 430 Quadratmeter große Grundstück im Wiener Vorort Speising stellte die Planungskapazitäten des Architekturbüros pool vor eine nicht ganz leichte Aufgabe; neben dem nach Norden abfallenden Hang gab es auch die Auflage der Baubehörde, unmittelbar an das Nachbarhaus anzubauen, gleichzeitig aber nur wenige Meter von der südlich verlaufenden Straße abzurücken. Der Zugang erfolgt über eine Sichtbetontreppe, die sich gleichsam „in die Erde eingräbt"; dadurch war es möglich, den Hauseingang selbst zwischen Erdgeschoss und Untergeschoss zu platzieren. Parallel zur Eingangstreppe führt die Parkrampe ins Untergeschoss. Sie wird entweder als Stellplatz oder auch als Tischtennisplatz genutzt.

Durch die große Glasfront des Hauses geht der Vorgartenbereich fließend in das Innere des Hauses über. Als bewusste Abgrenzung zu dieser Offenheit wurden die Türblechpaneele als Sichtschutz geschlossen ausgeführt.

Ein Haus aus Kuben und Flächen

Ziel der Planung war es, eine sehr weit gehende Interpretation des Themas Kubus zu erreichen. Die Form des Gebäudes entsteht aus ausgeschnittenen und angefügten Bauteilen, die wiederum Räume für verschiedene Nutzungen entstehen lassen. Die Gebäudefronten im Norden und Süden werden nicht, wie im Allgemeinen üblich, durch den Wechsel von geschlossenen Flächen und Fassadenöffnungen, sondern vielmehr durch großflächige Glasfronten geprägt. Anstelle von Fenstern entstehen gleichsam transparente Wände, die eine Art Raumskulptur entstehen lassen. Die unge-

Auch auf der dem
Garten zugewandten
Nordseite hebt sich das
„Reihenhaus" deutlich
von seinem konventio-
nellen Nachbarn ab.

wöhnliche Form der südlichen Glaswand lässt die Sonne im Winter bis tief in die Wohnräume dringen.

Raumerlebnis im Inneren

Betritt man das kleine Haus wie einen aufgeschnittenen Hügel, eröffnet sich zum einen der Blick ins Erdgeschoss, zum anderen in einen durch Tageslicht wunderbar beleuchteten Raum des Untergeschosses. Mit wenigen Schritten gelangt man hinauf zur 3 Meter hohen Koch- und Essebene, die sich ganz nach Süden öffnet. Nur wenige Stufen weiter nach oben ist die nordseitig situierte Wohnebene erreicht, die sich wiederum großflächig zum Garten hin öffnet. Durch eine Schiebetür gelangt man zur Terrasse, von dort weiter hinab zum Pool.

Auf dem Treppenpodest zwischen Erdgeschoss und Obergeschoss wurde ein stimmungsvoller, sonniger Arbeitsplatz eingerichtet, von dem sich gleichzeitig eine gute Aussicht auf die Wohnlandschaft bietet. Mehrere Stufen aufwärts befindet sich der Vorraum des Obergeschosses, der das Elternschlafzimmer und die beiden Kinderzimmer, Bad, WC und die Dachterrasse erschließt. WC/Schrankraum und Bad wurden als „Lärmpuffer" zwischen den Individualzimmern platziert. Über eine kleine Südterrasse erreicht man per angewendeter Stahltreppe eine Dachterrasse, von wo aus man einen großartigen Ausblick über das Lainzer Tal genießen kann.

Ein Haus als kubischer Zukunfts-Traum, der ganz real mit Garten und Landschaft verschmilzt!

Oben: Straßenansicht mit Eingangsbereich und Zufahrt (rechts).

Unten und Seite 120: Innenarchitektur wie von einem anderen Stern: Raumskulpturen wie aus dem Science-fiction-Film, schräge

Stützen, rampenartige Treppen und zwischengeschaltete Podeste bestimmen das Wohngefühl.

Architekten
pool architektur GmbH
Weyringergasse 36/1
A-1040 Wien
Telefon 00 43-1-50 38 23 10
Fax 00 43-1-5 03 82 31 33
E-Mail: pool@helma.at
www.pool.helma.at

Baudaten
Bauzeit: 1999–2000 (12 Monate)
Grundstücksgröße: 430 m²
Bauweise: Stahlbeton mit Vollwärmeschutz,
verputzt
Bodenbeläge: Wohnraum Estrich mit Epoxyharz-
Beschichtung, ansonsten Parkett
Umbauter Raum: 570 m³
Wohnfläche gesamt: 150 m²
Reine Baukosten je m² Wohnfläche:
keine Angaben

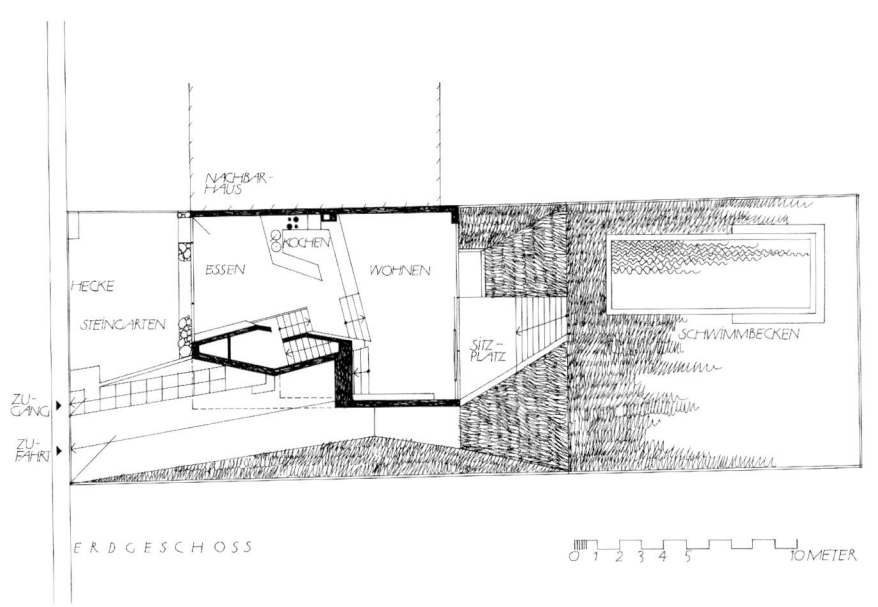

NACHBAR-
HAUS

HECKE

KOCHEN

ESSEN   WOHNEN

STEINGARTEN

SITZ-
PLATZ

SCHWIMMBECKEN

ZU-
GANG

ZU-
FAHRT

E R D G E S C H O S S

0 1 2 3 4 5   10 METER

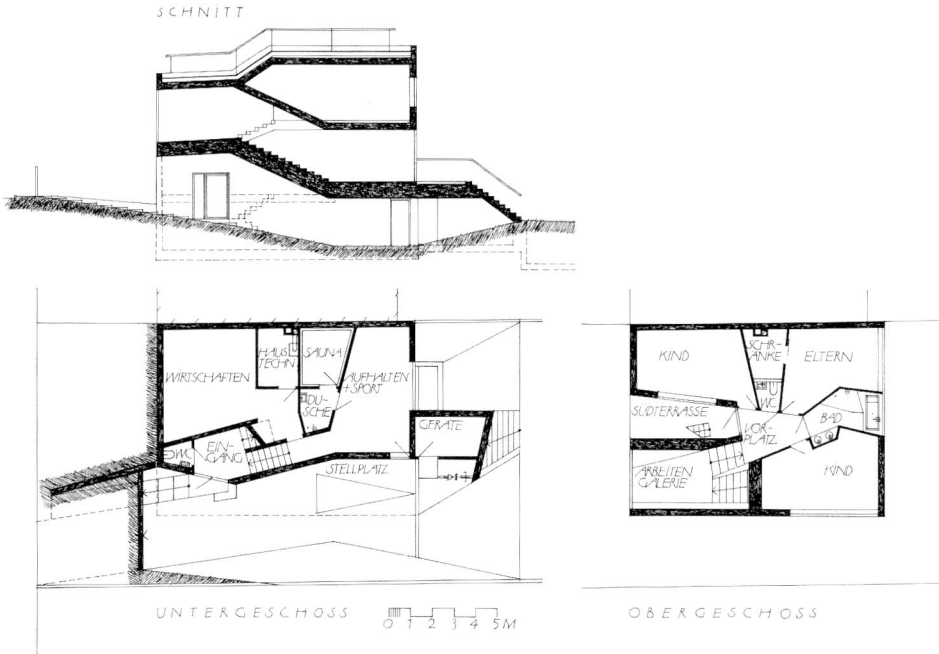

S C H N I T T

WIRTSCHAFTEN

HAUS
TECHN.

SAUNA

AUFHALTEN
+ SPORT

DUSCHE

EIN-
GANG

WC

GERATE

STELLPLATZ

U N T E R G E S C H O S S

0 1 2 3 4 5 M

KIND

SCHR-
ANKE

ELTERN

WC

SUDTERRASSE

LUFT-
PLATZ

BAD

ARBEITEN
GALERIE

KIND

O B E R G E S C H O S S

Anhang

Checkliste: Leitfaden und Prüfliste von der Grundstückssuche bis zum Einzug

Die folgende Checkliste gewährleistet, dass alle wesentlichen Aspekte rund um den Hausbau bedacht und schriftlich festgehalten werden können. Die Seiten können kopiert und ausgefüllt werden.

1. Die Suche nach dem richtigen Grundstück

Grundsatzfrage: In welchem Umfeld soll sich das Grundstück befinden
(z.B. Innenstadt, Stadtrandlage, dörfliches Umfeld)?
....
....

Lässt sich auf dem gefundenen Grundstück das Haus unserer Träume vernünftig unterbringen
(z.B. hinsichtlich Flächenbedarf, Ausrichtung des Gebäudes, Lage des Eingangs/der Zufahrt)?
....
....

Größe des Grundstücks:
Fläche gesamt: .... m^2
Wunschgröße Gartenanteil: .... m^2

Entspricht der vom Verkäufer geforderte Grundstückspreis der Lage und dem Marktwert?
Wenn nein: Ist in Verhandlungen eine Annäherung der Vorstellungen möglich?
....

Wenn der Grundstückspreis das dafür eingeplante Budget übersteigt: Finden sich andere
Bauherren, um das Grundstück ggf. gemeinsam bebauen zu können?
....

Besteht für das Grundstück sicheres Baurecht? ....
Wenn ja: Welche einschränkenden Bestimmungen gelten für die Bebauung des Grundstücks
(z.B. im Bebauungsplan, Bebauungssatzungen ...) (Nachfrage bei der Genehmigungsbehörde!)
....

Ist die Erschließung (Straßen, Wasser, Kanalisation, Strom, Gas) vorhanden oder zumindest
gesichert?
....

Welche Infrastruktur ist in erreichbarer Entfernung vorhanden?

Kindergarten .... Grundschule ....

weiterführende Schule ....

Einkaufsmöglichkeiten: ....

Bahn- oder Busanbindung: ....

Sonstiges: ....

2. Kostenermittlung und Finanzierung

Kostenermittlung:

Grundstück: .... Euro

Ggf. Immobilienmakler: .... Euro

Notarsgebühren und Nebenkosten: .... Euro

Grunderwerbsteuer: .... Euro

Gesamt-Baukosten (incl. Architektenhonorar und Außenanlagen, laut Kostenschätzung/ Kostenberechnung Architekt): ....

Verfügbares Eigenkapital: .... Euro

Anrechenbare Eigenleistung (Minimum ansetzen!): .... Euro

Zuschüsse und Hausbauförderungen:

Eigenheim- und Kinderzulagen: .... Euro/ Jahr .... Euro gesamt

Zuschüsse (z.B. für ökologisches/ energiesparendes Bauen, Einbau regenerativer Energietechnik etc.): .... Euro gesamt

Jährliche Belastungen aus dem Kreditvertrag (Zinsen und Tilgung):

Zinsen p.a.: .... Euro

Tilgung p.a.: .... Euro

3. Hausbauplanung mit Konzept

Analyse: Was bringt uns ein guter Architekt (z.B. stimmiger Grundriss, gutes Raumkonzept, überlegte Fassadengestaltung, Baueingabe, Kostenermittlung, Bauleitung und Kontrolle des Bauausführung etc.)?

....

....

Sind wir in der Lage, alle oder einen Teil der oben genannten Aufgaben alleine zu bewältigen? Wenn ja, welche?

....

....

....

Zur Vorauswahl des Architekten: Wie soll das Haus aussehen (z.B. eher konventionell oder eher modern)?

....

Bedarfsanalyse der Wohnfläche und des benötigten Raumprogramms:
Benötigte Wohnfläche gesamt: .... m²
davon Wohnen: .... m²
Kochen/Essen: .... m²
Kinderzimmer: .... m²
Elternschlafzimmer: .... m²
Lager- und Abstellräume: .... m²
Sonstige Funktions- und Aufenthaltsräume:
....
Benötigte Fläche für Büro- und Arbeitsräume: .... m²

Zusätzlich benötigte Gebäude (z.B. Garage/Carport, Werkzeugschuppen):
....
Kosten: .... Euro

Welche baurechtlichen Vorgaben sind zu berücksichtigen (z.B. Lage des Gebäudes, Kniestockhöhe, Dachform und Dachneigung (laut Bauvoranfrage bei der Kommune/ der Baugenehmigungsbehörde)?
....
....
....

Ist das geplante Haus genehmigungsfähig? Welche Veränderungen sind ggf. vorzunehmen?
....
....

Wann kann voraussichtlich mit dem Bau begonnen werden?
....

Wann ist das Haus voraussichtlich bezugsfertig?
....

4. Auswahl der Handwerker und Hausbau

Für welche Arbeiten werden Handwerker benötigt?

....

....

....

....

Welche Arbeiten können großenteils in Eigenleistung durchgeführt werden?

....

....

....

Welche Gewerke sollen per Ausschreibung vergeben werden?

....

....

....

Welche Handwerksbetriebe wollen wir (nach Maßgabe der Kosten lt. Angebot) wegen ihrer bekannten fachlichen Kompetenz beauftragen?

....

....

....

Ist die Koordination der Bauabläufe und die kontinuierliche Aufsicht über die Qualität der durch-geführten Arbeiten gewährleistet? Wer ist hierfür jeweils zuständig?

....

....

....

....

Wer ist für die Bauabnahme zuständig?

....

....

Wenn Nachbesserungen notwendig werden: Was ist jeweils zu welchem Zeitpunkt fertigzu-stellen?

Bezeichnung der Arbeiten	Betrieb	Zeitpunkt der Fertigstellung
....	....	....
....	....	....
....	....	....
....	....	....

Wichtige Kontaktadressen

Finanzielle Förderungen und Hilfen

Im folgenden werden für Deutschland, die Schweiz und Österreich die wichtigsten Kontaktadressen für den Bereich der Finanzierung und der finanziellen Förderung genannt, bei denen sich Bauherren Rat und Hilfe holen können. Im deutschen Fall sind darüber hinaus die örtlichen Finanzämter besonders wichtige Ansprechpartner, da sie für die Gewährung der Eigenheim- und Kinderförderung verantwortlich sind. Aber auch ansonsten empfiehlt sich immer die frühestmögliche Kontaktierung der Finanzbehörden sowie eines – am besten auf Immobilien spezialisierten – Steuerberaters, um sich über Fördermodalitäten und steuerliche Abzugsmöglichkeiten rechtzeitig und umfassend zu informieren.

Bundesministerium für Verkehr, Bau- und Wohnungswesen

Invalidenstraße 44
D-10115 Berlin
Telefon 0 30-20 08-0
oder Telefon 0 30-20 08 30 60
Fax 0 30-20 08 19 42 (Bürger-Infotelefon/-fax)
poststelle@bfvbw.bund.de
www.bfvbw.de

Bundesnotarkammer

Burgmauer 53
D-50667 Köln
Telefon 02 21-25 68 23
Fax 02 21-25 68 08
bnotk@bnotk.de
www.bnotk.de

Die Bundesnotarkammer hält verschiedene Veröffentlichungen zum Thema Immobilienkauf und Vertragsgestaltung bereit. Aktuelle Informationen hierüber sowie die Adressen der regionalen Notarskammern finden sich auch im Internet. Empfehlungen für bestimmte Notare oder Beratungsdienste in Sachen Hauskauf werden hier nicht angeboten.

Kreditanstalt für Wiederaufbau (KfW)

Palmengartenstraße 5–9
D-60325 Frankfurt a. M.
Telefon 0 69-7 43 10
Fax 0 69-74 31 29 44
www.kfw.de

Auf der Webside können auch nähere Informationen zu den verschiedenen Förderprogrammen (Wohneigentumsprogramm, 100 000-Dächer-Programm, CO_2-Minderungsprogramm etc.) abgerufen bzw. angefordert werden.

UmweltBank Nürnberg

Laufertorgraben 6
D-90489 Nürnberg
Telefon 09 11-5 30 81 05
Fax 09 11-5 30 81 09
presse@umweltbank.de
www.umweltbank.de

Die UmweltBank bietet unter anderem Immobilienfinanzierungen mit speziellen Vergünstigungen für ökologisches und energiesparendes Bauen.

Verbraucherzentrale Bundesverband (vzbv)

www.vzbv.de
www.verbraucherzentrale.de (mit Adressliste aller Verbraucherzentralen der Bundesländer)
www. bauförderer.de (gemeinsame Webside zusammen mit der KfW, ab Frühjahr 2002 – ausführliche Informationen über Fördermöglichkeiten, mit Rechenprogrammen zur Bestimmung des persönlichen Fördersatzes)

Versandservice vzbv:
Postfach 1116
D-59930 Olsberg
Telefon 0 29 62-90 86 47
Fax 0 29 62-90 86 49
versandservice@vzbv.de
www.vzbv.de@shop

Energieverwertungsagentur (E.V.A.)
Linke Wienzeile 18
A-1060 Wien
Telefon 00 43 (0) 1-5 86 15 24
Fax 00 43 (0)1-5 86 15 24 40
eva@eva.ac.at
www.eva.ac.at

Die Energieverwertungsagentur hat im Netz eine immer auf dem aktuellsten Stand gehaltene Übersicht 'Energiesparförderungen und Energieberatung', die die vorhandenen Energiespar-, aber auch sonstige Bauförderungen, bestehende Steuersparmöglichkeiten sowie weiterführende Hinweise auf relevante Kontaktadressen enthält. Auf Wunsch kann diese Übersicht auch in gedruckter Form versandt werden.
Im übrigen sind in Österreich meist die Landesregierungen bzw. die dort angesiedelten Baubehörden für die Vergabe von Förderungen verantwortlich.

Bundesamt für Energie

Worblentalstraße 32
CH-3300 Bern
Telefon 00 44 (0) 31-3 22 56 11
Fax 00 44 (0) 31-3 23 25 00
office@bfe.admin.ch
www.admin.ch.bfe

Das Schweizer Bundesamt für Energie ist vor allem für die Öffentlichkeitsarbeit zum Thema Neue Energien im Hausbau zuständig. Die Finanzmittel des Bundes werden direkt an die Kantone weitergegeben. Hier sind vor allem die Kantonalen Energiefachstellen für Förderungen und Zuschüsse im Bereich Energiesparen verantwortlich. Vor Beginn der Hausbauplanung sollte sich dort jeder Bauherr eingehend über die bestehenden Fördermöglichkeiten informieren. Eine Adressliste kann beim Bundesamt für Energie angefordert werden.

Bundesamt für Wohnungswesen

Storchengasse 6
CH-2540 Grenchen
Telefon 00 44 (0) 32-6549111
Fax 00 44 (0) 32-6 54 91 03
ernst.hauri@bwo.admin.ch
www.bwo.admin.ch

Voraussichtlich ab dem Jahr 2003 wird wieder ein neues Instrument zur Wohnbau- und Eigentumsförderung in der Schweiz bestehen. Die einzelnen Fördermöglichkeiten können am einfachsten und aktuellsten über die Homepage des Bundesamts für Wohnungswesen abgefragt werden. Ferner kann beim Bundesamt für Wohnungswesen auch eine Adressenliste mit allen für die Wohnbauförderung zuständigen kantonalen Fachstellen angefordert werden.

Bildnachweis

Thomas Andenmatten, CH-Brig: S. 64–68; 102–108; 7 oben rechts und unten.
Titus Bernhard Architekten: S. 110/111.
Thomas Drexel, Friedberg/Bay.: S. 47 alle, 50 oben links und unten, 54 alle, 112–114.
Michael Felkner, Martinszell-Oberdorf: S. 84–88.
Francesca Giovanelli, Weiningen/Zürich: S. 57–62.
Hertha Hurnaus, Wien: S. 116–120.
Peter Manev, Selb: S. 7 re.u.; 70–76.
Dirk Masbaum, Hamburg: S. 7 li.; 36–42.
Klemens Ortmeyer, Braunschweig/architekturphoto: S. 44/45, 46, 48, 49.
Ole Ott, Regensburg: S. 78–82.
Wolfgang Ott, Augsburg: S. 52/53.
Christian Richters, Münster: S. 96–100.
Erwin Wenzl: S. 90–94.

Literaturverzeichnis

Arbeitskreis Ökologischer Holzbau e.V. (Hg.),
*Positivliste Baustoffe. Der Ratgeber
zur Baustoffauswahl im Holzhausbau*,
Herford 1998

Bundesamt für Energie (Hg.), *Mustervorschriften
der Kantone im Energiebereich (MuKEm)*,
Ausgabe Bern 2000 (zu beziehen über das
Schweizerische Bundesamt für Energie,
Adresse siehe oben)

Bundesamt für Energie (Hg.), *EnergieSchweiz,
Das Nachfolgeprogramm von Energie 2000*,
Ausgabe Bern 2001 (zu beziehen über das
Schweizerische Bundesamt für Energie,
Adresse siehe oben)

Bundesamt für Energie (Hg.), EnergieSchweiz,
Neue Energie für alle, Ausgabe Bern 2001
(zu beziehen über das Schweizerische
Bundesamt für Energie, Adresse siehe oben)

Thomas Drexel, *Neue Eingänge*, Planung und
Gestaltung, München 2000

Thomas Drexel, *Neue Treppen*, Konstruktion
und Design, München 2000

Roland Keich und Christina Niedermeier,
*Eigenheimbau. Wie Sie Ihren Traum
vom Haus sicher finanzieren*, Reinbek bei
Hamburg 1997

Kreditanstalt für Wiederaufbau (KfW) (Hg.),
Schöner Wohnen – günstiger Finanzieren,
Frankfurt a. M. 2001 (zu beziehen über die
KfW, Adresse siehe oben)

Ruth Marcus, *Preiswert Bauen, Leitfaden zur
Kostensenkung am Bau*, 2. Auflage,
Düsseldorf 1997

Verlagsgruppe der Verbraucherzentralen (Hg.),
Baufinanzierung, 12. Auflage 2000

Danksagung

Der herzliche Dank des Autors gilt zunächst allen
Eigentümern und Architekten, deren Häuser bzw.
Projekte in diesem Buch vorgestellt werden.
Darüber hinaus danke ich meinem Vater, Wilhelm
Drexel, der die Planvorlagen der Architekten ein-
heitlich umgezeichnet hat. Mit wichtigen Infor-
mationen behilflich waren die Mitarbeiter der im
Adressverzeichnis genannten Organisationen
und Unternehmen. Großen Dank schulde ich
auch Roland Thomas, Monika Pitterle und Anne
Niemann von der Deutschen Verlags-Anstalt, mit
denen das Büchermachen zur professionellen
Freude wird.

Impressum

Die Deutsche Bibliothek –
CIP-Einheitsaufnahme
Ein Titeldatensatz für diese Publikation
ist bei Der Deutschen Bibliothek erhältlich

© 2002 Deutsche Verlags-Anstalt GmbH,
Stuttgart München
Alle Rechte vorbehalten
Umschlagentwurf: Büro Klaus Mayer, München
Lithographie: Repro Ludwig, A-Zell am See
Druck und Bindung:
Passavia Druckservice GmbH, Passau
Printed in Germany

ISBN 3-421-03380-3